MAJESTUEUSE
INDE

Édité par :
France – ÉDITIONS ATLAS s.a.
89, rue La Boétie, 75008 Paris.

Belgique : ÉDITIONS ATLEN
avenue Georges-Rodenbach, 4
1030 Bruxelles.

Photographies : Suzanne HELD
excepté les pages :
18 (h)-70-71 (h) S. ELBAZ
71 (b) C. VAISSE
76-77 J. VIESTI
72-73-78-80-81-82-83-84-85
122-123 P. de WILDE.

Texte : Louis FRÉDÉRIC.
Réalisation : Xavier RICHER.
Photogravure : Saga Graphic, Paris.
Photocomposition : Touraine Compo, Tours.
Imprimé en CEE, Officine Grafiche De Agostini - Novara 1993
Dépôt légal : septembre 1992.
ISBN : 2-7312-1254-3.

Collection « MAJESTUEUX »
dirigée par Xavier RICHER.

Collection Club Méditerranée

MAJESTUEUSE
INDE

PHOTOS
SUZANNE HELD

TEXTE
LOUIS FRÉDÉRIC

EDITIONS ATLAS

L'INDE MAJESTUEUSE

Vaste triangle soudé au cœur de l'Asie par les bourrelets des Himâlaya, le sous-continent indien s'enfonce comme un coin dans l'océan Indien, oreille éléphantesque qu'orne, selon Francis de Croisset, la perle verdoyante de l'île de Ceylan – devenue Srî Lankâ depuis qu'elle s'est politiquement séparée de sa grande sœur, l'Inde. Celle-ci participe à la fois de l'Asie par ses limites terrestres, longues de quelque 10 000 km, et de la mer par ses côtes qui s'étendent sur plus de 5 000 km. Entre celles-ci, le pays s'étire du nord au sud sur plus de 3 000 km et sur environ autant de l'est à l'ouest. Cet immense territoire, comparable à l'autre sous-continent de l'Eurasie qu'est l'Europe, s'étend de part et d'autre du tropique du Cancer et se trouve donc soumis au régime des pluies de la mousson. Montagnes gigantesques sommées de glace dans le Nord, larges plaines fluviales gorgées d'eau, plateaux arides inclinés vers l'Est, zones désertiques de l'Ouest composent des paysages extrêmes dont la diversité physique et climatique se reflète dans le peuplement et dans l'histoire, dans la faune et la flore de cet étonnant pays que décrit si bien l'hymne à sa gloire composé en 1872 par Bankim Chandra Chatterjî, le *Bande Mâtaram* :

> « Je m'incline devant Toi, Mère,
> Toi qui es riche en eaux et en fruits,
> Fraîche des vents du Sud,
> Sombre des moissons de tes champs ! »

Composée de vingt-deux États et de neuf « territoires » totalisant une population qui atteindra le milliard d'ici à la fin du siècle, l'Union indienne, le Bhârat, constitue une telle mosaïque multicolore de peuples et de langues, de coutumes et de dynasties, de croyances religieuses et philosophiques, de styles d'architecture et de peinture, que le voyageur qui s'y plonge sans préparation peut se sentir perdu au sein de ce foisonnement hétérogène. Cependant cette apparence disparate ne tarde pas, pour peu qu'on s'y laisse prendre, à révéler une profonde harmonie réconciliant les antinomies les plus criantes. L'homme indien, qu'il soit originaire du Cachemire, du Bengale ou des régions drâvidiennes, se trouve toujours en accord avec la région qui l'a vu naître, avec le temps, avec le climat, avec lui-même. Sous-jacente à la diversité des langues et des races, il existe en Inde, qu'on le veuille ou non, une indianité seulement perceptible grâce à une infinité de détails, d'attitudes, peut-être due à une communauté de pensée basée sur des légendes, des récits et un amour de la nature qui transcendent les différences et adoucissent les contrastes. La religion, en dépit de ses multiples facettes, et peut-être en raison de l'infinie variété de ses dieux, participe également de ce sentiment intime qu'on éprouve en Inde de l'identité de chaque être, de chaque geste, de chaque lieu. Où que l'on se trouve, que ce soit dans les solitudes du Râjasthân, dans les foules affairées de Bombay ou de Delhi, au milieu des « intouchables » du sud de l'Inde, ou bien encore parmi les brâhmanes de l'antique Vârânasî (que nous avons accoutumé d'appeler Bénarès), c'est la même atmosphère de piété mitigée de préoccupations quotidiennes qui baigne les hommes et conditionne leur vie de la naissance jusqu'à la mort.

Il ne faudrait cependant pas croire que l'Inde en est demeurée à un stade antique, et les clichés habituels montrant le paysan indien travaillant la terre comme aux temps bibliques sont aussi éculés que ceux qui veulent faire de ce sous-continent la terre d'élection de toute spiritualité. L'Inde n'est pas plus la patrie des fakirs et des saints que l'Europe ne l'est des thaumaturges de tout poil qui prétendent prédire l'avenir et vous apporter le bonheur grâce à quelque amulette magique. Et l'Indien qui vient dans nos pays d'Occident a le droit de s'étonner de certaines de nos superstitions comme de notre crédulité. L'Inde actuelle n'est plus celle que chantèrent Rudyard Kipling ou Mark Twain. D'aucuns pourraient le regretter, mais la réalité est là qui montre que l'Inde moderne n'est plus uniquement celle des chasses au tigre, des yogin ou des mahârâja, bien que certains de ceux-ci, ayant perdu titres et richesses, se soient fait hôteliers de luxe pour entretenir leurs palais. On visite maintenant l'Inde en train ou bien en avion, ce qui permet, sinon de connaître le pays en profondeur, tout au moins de s'apercevoir en un temps relativement bref de son immensité, de sa prodigieuse diversité comme de son infinie richesse culturelle.

L'Inde est un monde à part, une autre planète. Bien sûr, il y a la misère qui afflige une partie de la population, et dont la vue choque parfois le voyageur sensible. Mais ce même curieux s'est-il seulement une fois penché sur la détresse, non

moins pénible, de certains de ses contemporains ?

Il n'en demeure pas moins que l'Inde, malgré ses gigantesques problèmes économiques, sociaux, religieux et linguistiques, est la plus grande démocratie du monde : tous les citoyens y sont égaux, qu'ils soient indo-européens, drâvidiens ou aborigènes, hindous, musulmans, jaina, sikh, chrétiens, parsî ou autres, que leur peau soit noire comme l'ébène ou simplement basanée par le soleil ou la neige. Ce n'est pas la religion ni la couleur de la peau qui fait la différence, mais bien plutôt la langue et la culture afférentes à celles-ci. Les Tamil du sud de l'Inde s'enorgueillissent d'une tradition littéraire remontant au début de notre ère, les populations indo-européennes de la vallée du Gange sont fières de leur héritage sanskrit, les Bengalî de leur poésie, les Râjasthânî de leurs récits épiques, mais tous reconnaissent ce qu'ils doivent aux immenses épopées « nationales » que sont le *Mahâbhârata* et le *Râmâyana*, comme aux grands poèmes philosophiques tel celui de la *Bhagavad-gîtâ*, le « Chant du Seigneur », et aux anciens textes sacrés des *Veda*, des *Purâna* ou des *Upanishad*, pour ne citer que ceux-là. L'Inde moderne revendique également ses savants de l'ancien temps (Âryabhata inventa la notation numérique de positionnement, donc le zéro, vers la fin du ve siècle) comme ceux, plus récents, qui contribuèrent aux réalisations de la science actuelle, ses artistes et musiciens, ses architectes et sculpteurs, ses littérateurs et dramaturges de toutes époques et régions. Nul ici ne se soucie de l'origine de ces grands hommes, pour ne se souvenir que de leurs achèvements et de leur qualité d'Indiens. C'est cela qui crée l'unité de l'Inde, plus que les conquêtes et les victoires des innombrables souverains, petits ou grands, qui firent l'histoire. On associe sans parti pris le souvenir de l'empereur hindou Ashoka à celui du musulman Akbar, celui de Harsha à celui du mahâtma Gândhî. Et nul n'oublie que le Bouddha, bien que sa Doctrine ait quelque peu disparu de sa patrie d'origine, était Indien.

Et pourtant, à première vue, rien de semblable entre un Sikh des marches du Pañjâb et un pêcheur du Kerala, entre un fonctionnaire bengalî et un pasteur du désert de Thar. Ils parlent des langues différentes (on en dénombre quinze « officielles » et on peut distinguer plus de huit cents dialectes !), sont souvent d'apparence physique dissemblable, ont des costumes régionaux, des dieux différents, des coutumes qui varient parfois de village à village, des cuisines particulières, des coutumes qui leur sont propres. Rien d'étonnant à cela si l'on considère que les ethnies sont aussi nombreuses que les langues et idiomes !

En plus, il faut compter avec le climat. Dans l'extrême Nord, sur les pentes des Himâlaya, les saisons sont plus tempérées, alors que dans le Sud, au Kerala comme dans le Tamilnâdu, c'est l'été perpétuel des côtes océanes piquetées de cocotiers. Les fleuves, souvent profondément encaissés, parfois à sec, parfois roulant des flots furieux, dévastent les plateaux et fertilisent les plaines. Les pluies torrentielles de la mousson déménagent la terre des sommets vers les bas-fonds des vallées.

Changeant d'État, on change de paysage, de langue, de coutumes, de costumes, de cuisine. Mais l'Indien est par essence un voyageur : aussi trouve-t-on, surtout à l'occasion des innombrables pèlerinages qui brassent tout au long de l'année les peuples du sous-continent, une incroyable diversité de gens et d'animaux (ceux-ci sont inséparables de l'homme, qu'ils soient sacrés ou non), en tous lieux. Car les temples petits et grands qui concrétisent la foi des foules sont sans nombre, et appartiennent à tous, de même que les lieux sacrés et les villes qui sans cesse s'enflent démesurément, les campagnes appauvries se vidant petit à petit de leur substance.

Foules versatiles et mouvantes de l'Inde, temples et sanctuaires aux dimensions humbles ou colossales, montagnes inaccessibles ou plateaux arides, fleuves puissants destructeurs et bienfaisants, pluies diluviennes ou sécheresse torride, tout témoigne d'une Inde fantastique et majestueuse tout à la fois.

Page précédente, les Indiens aiment visiter les lieux sacrés : ici, des femmes tournent autour du temple de Halebîd, lisent et commentent les bas-reliefs qui décorent ses plinthes où apparaissent divinités et héros des grands poèmes épiques du *Mahâbhârata* et du *Râmâyana*.

Ci-contre, la douce lumière et la fraîcheur qui baignent les salles de marbre d'un des temples jaina du mont Abû sont propices au repos, à la contemplation. Pures merveilles de décoration sculptée comme une dentelle, ces temples sont le reflet humain d'un paradis imaginaire tout de calme et de sérénité.

INDE, TERRE DU SACRÉ

Descendu des cieux sur la tête de Shiva, *Gangâ* (le Gange) est le fleuve le plus sacré de l'Inde, bien que d'autres rivières du pays bénéficient également d'une auréole de sainteté : sans leur eau, la vie ne saurait être. Car le Gange est à l'origine de l'établissement des premiers agriculteurs indo-européens en Inde. Arrivés par le nord-ouest quelque douze siècles avant notre ère, ceux-ci suivirent tout naturellement son cours et fondèrent sur ses rives ou, sur celles des affluents qui participent de sa naissance divine, des cités qu'ils consacrèrent aux divinités descendues avec eux des montagnes. D'innombrables légendes, conçues par l'imaginaire indien, tendent à expliquer la descente du Gange de ses hauteurs himâlayennes et comparent sa source (Gaumukh) à une bouche de vache, animal que les premiers Indiens revêtirent d'un caractère sacré en raison de son extrême utilité pour l'agriculture et qui est considéré, au même titre que la Gangâ, comme la « Mère de l'Inde ». Torrent formidable érodant les pentes des montagnes, le Gange, après avoir amorti sa chute, s'apaise à Hardwâr, la « porte du Seigneur », et se repose de ses turbulences en coulant paresseusement dans la grande plaine à la recherche d'un océan qu'il ne découvrira finalement que deux mille kilomètres plus loin vers l'est et dans lequel il ne se dissoudra qu'après s'être divisé en une multitude de bras. Son cours symbolise celui de la vie, tumultueuse dans la jeunesse et calme dans son âge mûr pour finalement être absorbée dans le grand Tout. La terre arrosée par les eaux divines devint elle-même sacrée, ainsi que tout ce qu'elle porte en elle, limons et rochers, et sur elle, végétaux et animaux. L'homme indien vit donc en symbiose avec ce qui l'entoure, tout ce qui participe de la nature, et il eut de tout temps tendance à sacraliser les forces de celle-ci, et ses innombrables manifestations. Ce qui explique dans une certaine mesure la multiplicité des dieux comme des lieux sacrés auxquels les hommes s'identifient. Nulle part ailleurs au monde la vie quotidienne n'est plus imprégnée de ce sentiment du sacré, de l'ineffable. Les montagnes ici rejoignent le ciel, et les temples cherchent à les recréer dans leur forme apparente, alors que les sanctuaires intérieurs ressemblent à des grottes, images du giron maternel renfermant tous les mystères de la création. Car le temple est la Terre elle-même, c'est le lieu privilégié où l'homme se sent protégé par les puissances célestes ; plus celles-ci sont nombreuses, plus il s'accorde avec elles puisqu'elles représentent tous les aspects possibles et imaginables d'une vie aussi foisonnante que peut l'être la nature tout entière, animée comme inerte. Et pour l'expliquer il n'est qu'une solution, irrationnelle comme l'est l'esprit lui-même, le recours au mythe. Car la terre indienne est une terre de légendes : chaque pouce de terrain, chaque temple ou sanctuaire, chaque arbre, chaque rocher, et à plus forte raison chaque rivière et chaque montagne, a sa ou ses légendes où interviennent dieux et démons. Ainsi tout est expliqué et l'homme se sent pleinement rassuré. Peu lui importent alors les aléas de sa courte vie. La seule réalité est du domaine du divin, et elle seule compte. Il devient alors nécessaire, voire impératif, de sacraliser toute action par un rite, tout lieu par un sanctuaire, toute pensée par une prière. Il s'ensuit que l'Inde tout entière, qu'elle soit rurale ou citadine, agricole ou industrielle, semble baigner dans une atmosphère diffuse de religiosité. Souvent bruyante, car il faut bien réveiller les dieux qui dorment dans le temple ; parfois silencieuse, chez celui qui préfère rechercher le Seigneur sommeillant en son sanctuaire intérieur et qui, volontairement alors, s'abstrait de la foule.

En Inde, la ferveur est omniprésente. Elle ne s'exprime pas seulement dans la prière *(pûjâ)*, le rituel, mais également par la vue *(darshan)* d'un personnage réputé saint ou d'un lieu considéré comme sacré. Chez les Occidentaux, voir, admirer, c'est éprouver une émotion esthétique, alors que les Indiens, moins attachés peut-être à la forme des choses, en les regardant s'intègrent à elles et participent de l'objet regardé : ils sont toujours en même temps acteurs et spectateurs. D'où les pèlerinages aux lieux saints qui font que, perpétuellement et d'un bout de l'année à l'autre, les Indiens sont en déplacement. Peu leur importe que tel temple soit dédié au culte de Shiva s'ils sont des adeptes de Vishnu par exemple, car le sacré n'a pas d'origine ni d'appartenance, étant une expression palpable de la Divinité. Les croyances hindoues sont on ne peut plus œcuméniques, puisque tout ce qui existe possède une partie essentielle qui est l'étincelle divine.

Cependant, il est des lieux plus sacrés que d'autres, tout comme il y a des vaches plus

saintes que certaines de leurs congénères : c'est le cas des sites les plus chargés en légendes, là où le divin est plus manifeste qu'ailleurs. Et si d'anciens temples délabrés ne présentent plus de caractère véritablement sacré, c'est qu'un dieu ne peut décemment demeurer dans un lieu que le temps, cette ultime divinité, n'a pas respecté. La ville de Vârânasî (la Bénarès des Occidentaux) est d'autant plus sacrée qu'elle est réputée de fondation divine, et il n'est rien de plus désiré par les dévots de Shiva que de s'y rendre en pèlerinage et, si possible, d'y mourir et de s'y faire incinérer, afin que leurs cendres puissent ensuite être mêlées aux eaux du Gange. Les fidèles de Vishnu, quant à eux, préféreront aller à Vrindâvan, près de Mathurâ, où flotte toujours, sur les bords de la Yamunâ, le souvenir de Krishna, ce vacher *avatâra* du dieu, et de ses joutes amoureuses avec les Gopî, les vachères. La tradition veut que sept villes soient plus sacrées que les autres, villes dans lesquelles, tous les douze ans, lors des *Kumbhamelâ*, se réunissent des millions de fidèles de toutes les sectes et religions. Ce serait en effet dans ces sept cités que des gouttes de l'élixir d'immortalité, objet d'une âpre lutte entre les dieux *(deva)* et les anti-dieux *(asura)*, seraient tombées. Mais la plupart des autres sites ne sont pas oubliés qui voient chaque année se dérouler, à des dates différentes indiquées par les astres, de gigantesque *melâ* au cours desquels la ferveur populaire augmente avec le nombre des fidèles qui y viennent vénérer un saint homme, prier dans un temple fameux ou y célébrer quelque haut fait d'un héros mythique. Un des lieux saints les plus fréquentés de l'Inde, en dehors de Vârânasî, ville sacrée toute l'année, est Prâyaga, près de la musulmane Allâhâbâd, là où se mêlent les eaux du Gange, de la Yamunâ et de la mythique rivière Sarasvatî : les flots résultant de ce mélange trois fois sacré sont alors pieusement recueillis dans des fioles. Tous les douze ans, plusieurs millions de personnes se pressent sur les rives de ce confluent et y campent pendant plusieurs jours. La cité de Hardwâr, où l'on commémore également le sacrifice volontaire par le feu de Sâtî, une épouse de Shiva (ce qui donna naissance à la coutume du suicide, rituel des veuves) reçoit alors un prodigieux afflux de pèlerins, car ici les eaux, encore proches du séjour divin des neiges (l'Himâlaya), sont considérées comme particulièrement bénéfiques.

Parmi les villes sacrées, certaines retiennent l'attention pieuse des adeptes de Vishnu, comme Dvârkâ, dans la presqu'île du Saurâshtra, où Krishna aurait régné et serait mort, ou encore Ujjain, où Shiva aurait vaincu de terribles démons qui menaçaient l'humanité. D'autres, comme Ayodhyâ, conservent le souvenir de Râma, le héros divin du *Râmâyana*, ou Mathurâ sur la Yamunâ où ce même Vishnu, sous la forme de Krishna, serait né. Le sud de l'Inde s'enorgueillit également de posséder la septième cité sacrée, Kâñchîpuram, où se mêlent quelques légendes appartenant aux folklores jaina, bouddhiques, et aux cultes de Shiva et de Vishnu.

En Inde, du Nord comme du Sud, la vie est centrée sur le lieu de culte, temple, mosquée, église même, car c'est en réalité la même divinité qui les habite. Le temple est foyer de prière, de réunion : on y vit, on y mange, on y dort, on y prie, on s'y instruit. C'est un centre culturel autant que commercial, car la prospérité de la cité où il se trouve en dépend souvent. Et les lieux de culte sont partout : temples aussi nombreux que les dieux, antiques tombes de saints hommes, là encore bassins qui, selon la légende, contiendraient quelques gouttes des eaux du Gange. Cultes « orthodoxes », des sectes, étrangers et tribaux se côtoient, se mêlent parfois au point qu'on ne sait plus à qui appartient tel dieu. Les mosquées, là où elles existent, sont également respectées, l'hostilité latente entre musulmans et hindous n'étant nullement religieuse, mais sociale. L'hindouisme (terme traduisant imparfaitement la notion du *Sanâtanadharma* ou « Vérité éternelle ») englobe toutes les croyances, toutes les philosophies, même les plus matérialistes.

Ci-contre, dans le parc aux Gazelles de Sarnâth, non loin de Vârânasî, tout rappelle au visiteur que c'est là que le Bouddha, pour la première fois, prêcha les vérités qu'il avait découvertes à ses cinq anciens compagnons qui, immédiatement, devinrent ses disciples. Le lieu est propice à la réflexion, et nombreux sont les poètes qui y viennent chercher l'inspiration.

Double page précédente

Face à la ville sainte de Vârânasî, à Râmnâgar, le palais du mahârâja dresse sa masse imposante, dont les murailles plongent dans les eaux du fleuve, comme pour y puiser sans cesse une consécration divine. Bien que les mahârâja qui firent la grandeur de l'Inde aient perdu tout pouvoir officiel, ils n'en sont pas moins regardés par le peuple comme des guides spirituels et des gardiens des traditions ancestrales.

Ci-dessus et ci-contre, un rite quotidien veut que les hindous aillent se plonger, dès qu'apparaissent les premiers rayons du soleil, dans les eaux sacrées du Gange afin de se purifier. D'immenses escaliers de pierre, les *ghât*, leur permettent d'accéder aisément au fleuve et de s'y baigner. Sur les berges, de saints hommes, *sâdhu* ou *samnyasin*, ignorant la foule et le bruit, s'assoient pour prier et méditer, parfois pour lire à haute voix des textes sacrés ou pour les enseigner à une foule avide de connaissance.

Page de gauche

La foule des fidèles est omniprésente sur les *ghât* de Vârânasî, mais devient énorme les jours de fête. La dévotion est intense et tous se mêlent sans distinction de sexe, de fortune ou de caste : la vue seule du Gange apportant des bénédictions sans fin.

Ci-dessus, les berges du fleuve sacré croulent sous les palais et les temples dont les façades et les spires se reflètent à l'infini sur les eaux : dieux et hommes sont ici accourus depuis des siècles rendre un pieux hommage à la vie foisonnante engendrée par le fleuve issu du séjour des dieux. Des femmes, venues faire une prière, sanctifient leur corps et leurs vêtements en se plongeant dans ce vivant abîme de pureté, reflet même de la vie qui sans cesse s'écoule et se renouvelle.

Ci-dessus

Un adepte de Shiva, assis face au soleil levant, protégé de la froidure de l'aube, adore l'astre du jour. Le trident qu'il a planté devant lui montre qu'il appartient à un de ces groupes errants de *samnyasin* qui, après avoir abandonné le monde, cherchent à s'absorber dans la Divinité afin d'abréger le cycle de leurs réincarnations.

Ci-contre, fleuve saint, le Gange n'en est pas moins une artère vitale qui irrigue et fertilise une vaste plaine. Les barques qui le sillonnent transportent bois, riz, légumes, matériaux divers. Le soir, elles sont tirées sur la berge, hors la ville sacrée, là où les *ghât* de pierre cessent de l'encombrer, où les pèlerins ne se hasardent pas.

Ci-dessus

Lors de la pleine lune d'automne, à l'issue de la grande fête du Râmalîla qui clôt la période de la mousson, le mahârâja de Vârânasî fait le tour de ses anciennes possessions et se montre à la foule, chaque jour dans un équipage différent. Le dernier jour de la fête, il montera à dos d'un éléphant spécialement orné de peintures et caparaçonné pour la circonstance.

Ci-contre et page de droite, pendant le Râmalîla, la foule, femmes vêtues de leurs plus beaux sârî, se presse à l'entrée du palais de Râmnâgar dans l'espoir de voir apparaître le mahârâja : c'est le darshan, la « vue auspicieuse » qui doit leur assurer fortune et bien-être. Les mères y portent leurs enfants, afin qu'eux aussi bénéficient d'un regard du mahârâja. Celle-ci a taché le front de son bébé afin que les démons ne puissent se montrer jaloux de sa perfection. Après avoir fait leurs dévotions au temple, elles ont posé sur leur front le *tilaka* de pâte de santal ou de vermillon, signe de la connaissance, et teint la raie médiane de leur chevelure avec de la poudre colorée qui symbolise la vie éternelle.

Ci-contre

Le mahârâja de Vârânasî, vêtu de soie brodée que souligne un collier de perles et coiffé d'un bonnet orné d'or et d'une aigrette de pierres précieuses, vestiges familiaux d'une gloire évanouie, pose aimablement sur la terrasse de son palais. Fin lettré, il jouit du respect de ses contemporains, qui l'honorent toujours de leurs hommages bien qu'il n'ait plus aucun pouvoir temporel.

Page de droite et ci-dessous, lors de la fête du Râmalîla (Jeu de Râma) qui commémore les exploits du héros du *Râmâyana*, la foule est dense aux abords du palais et dans les rues de Vârânasî, qui tente d'approcher la flamme sacrée portée sur un plateau par un brâhmane et de passer des guirlandes au cou des acteurs déguisés de masques représentant les personnages du grand poème épique.

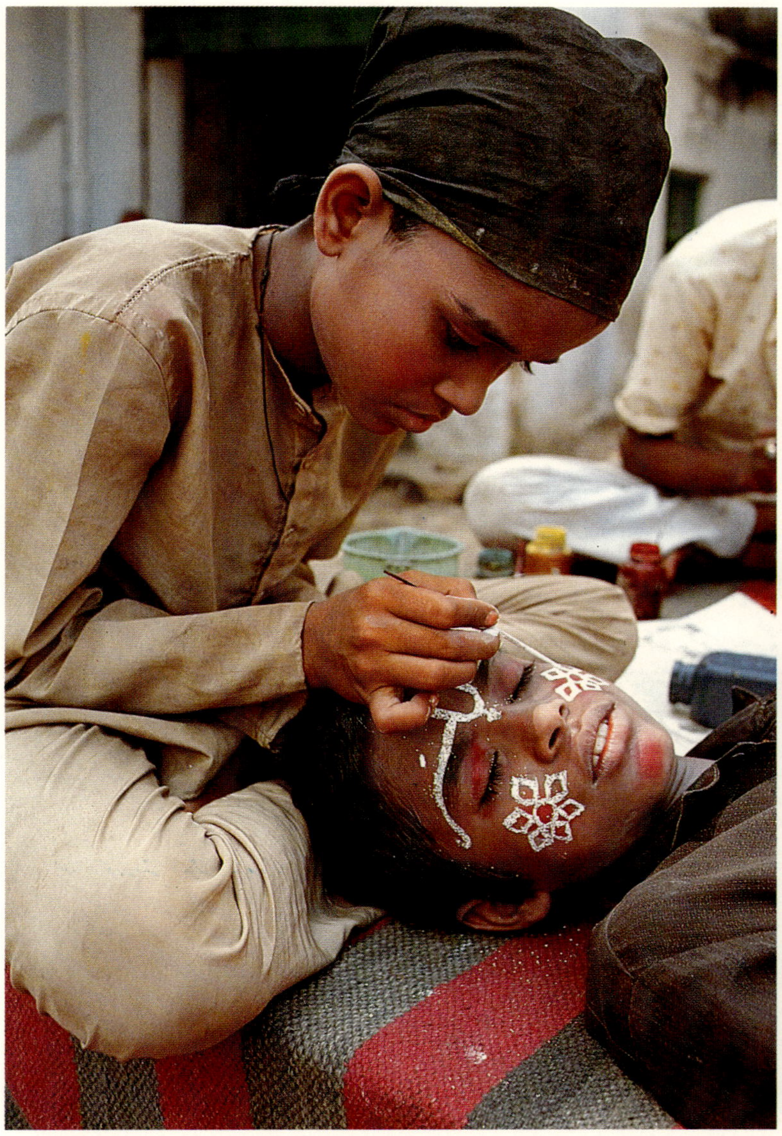

Page de gauche

Ce jeune garçon, paré comme une divinité, les yeux cernés d'antimoine et la marque de Vishnu apposée au front, représente Lakshmana, le frère de Râma, lors de la représentation du Jeu de Râma, faite à l'occasion de la grande fête du Râmalîla. Son maquillage, à base de pâte de riz et de poudres de couleur ou d'or, est minutieux. Une fois celui-ci terminé, il prendra place aux côtés d'un autre garçon vêtu comme Râma et d'une jeune fille représentant Sîtâ, l'épouse bien-

aimée de Râma que ce fils du roi d'Ayodhyâ, après l'avoir conquise et épousée à l'issue d'un concours de tir à l'arc, tentera d'arracher à un prince des démons, Râvana. Celui-ci, amoureux de sa beauté, l'avait enlevée et emmenée dans son palais de Lankâ. Aidé par Hanuman, le général d'un roi d'une tribu de singes, Râma réussira à retrouver le site de Lankâ et, à l'issue d'une furieuse bataille, tuera Râvana et délivrera son épouse. Poème allégorique et mystique, le *Râmâyana,* ou, « Marche de Râma » est connu de tous les Indiens qui y voient un modèle inépuisable de toutes les vertus.

Pages précédentes

Toucher le mur d'un sanctuaire est faire œuvre pie, de même qu'y apposer la marque de sa main, coutume magique venue de la préhistoire. L'effigie de Vishnu, ici représenté comme un guerrier moustachu, portant l'insigne de la Connaissance et sa marque au front, couronné comme un roi, est vénérée par les fidèles, qui passent leurs mains teintées de poudre vermillon sur ses lèvres et son visage afin de lui redonner vie dans l'espoir que le dieu exaucera leurs prières.

Ci-contre et ci-dessus, à Vârânasî comme ailleurs, les hindous aiment à décorer leurs maisons, palais ou simples huttes, de couleurs vives et de dessins. Au-dessus de la porte de sa demeure, cette jeune femme a tracé sur fond bleu de ciel le signe sacré *Aum*, qui la sacralise. Un bouc noir est attaché auprès, attendant peut-être le sacrifice qui apportera à tous la faveur des divinités. A Jaipur, dans un ancien palais désaffecté, des enfants jouent sous la surveillance de leur mère, penchée à une fenêtre s'ouvrant dans l'infini du ciel.

Ci-contre

Dans les villages comme au bord des fleuves, les femmes effectuent les mêmes rudes travaux que les hommes. Ici, elles déchargent une barque remplie d'argile, dans des couffins qu'elles portent, vides ou surchargés, sur leur tête, ce qui leur confère une démarche à la fois souple et altière.

Ci-dessous, l'heure du bain, après une rude journée, est source de joies. L'eau débarrasse les êtres de leurs impuretés physiques et morales et les rafraîchit, les fait aussi participer de la vie divine. Une femme, *lota* de bronze en main, s'amuse à asperger sa fille sous l'œil amusé d'une parente.

WORLD FAMOUS
NEW
GRAND
CIRCUS

Ci-contre et ci-dessus

Eternelle et fourmillante Vârânasî, vivante image de la piété des foules qui viennent à toute heure du jour se plonger dans les eaux bienfaisantes du Gange, cette « mère de l'Inde » dont les flots mouvants regénèrent leur âme et leur corps. Après le bain sacré, les heureux élus retournent dans la ville, non sans avoir pensé à déposer une obole dans la sébille que tendent, alignés comme pour la parade, des files de mendiants ou de *sâdhu* (ascètes) venus eux aussi participer à la fête et qui attendent de la compassion de leurs frères et sœurs en Dieu une petite compensation à leur misère ou un apaisement à leur faim : un peu de riz ici, accompagné de fleurs, une piécette là, aideront le donateur à se libérer des liens qui l'attachent à cette terre et à rencontrer plus sûrement la Divinité. Car Elle est présente en chaque être, qu'il soit nanti ou au contraire démuni de tout.

Page suivante, le Tâj Mahal, tombe musulmane, est également visité par les hindous, car il fait partie du patrimoine de chaque Indien, témoignage immuable, immaculé, d'un amour impérial qui dépassa le domaine humain pour atteindre à la perfection, au divin.

LE TÂJ MAHAL, UN POÈME D'AMOUR

Nul souverain moghol ne fut plus fastueux que Shâh Jahân, le « roi du monde », qui régna de 1628 à 1658 : il couvrit l'Inde du Nord de monuments plus magnifiques les uns que les autres. Mais son chef-d'œuvre demeure l'extraordinaire Tâj Mahal « couronne du palais » qu'il érigea à Âgrâ, alors sa capitale, au bord de la Yamunâ, en souvenir de son épouse préférée, Arjumand Bânu Begam (plus connue sous le nom de Mumtâz Mahal, l'élue du palais), morte en 1631 alors qu'elle donnait naissance à son quatorzième enfant. Le projet de l'empereur était si gigantesque qu'il fallut dix-sept années d'efforts à plus de 20 000 ouvriers et artistes pour le mener à bien. Il coûta le trône à l'empereur, que son fils Aurangzeb, alarmé de voir ainsi se vider les caisses de l'état et ruiner les vassaux, détrôna et enferma dans son palais jusqu'à sa mort en 1666. D'une fenêtre de sa prison dorée, Shâh Jahân pouvait néanmoins contempler son œuvre et rêver à ses amours enfuies, que la vue de l'immense tombe de marbre blanc éblouissante sous le soleil lui rappelait sans trêve. Depuis, tous les amoureux vont admirer ce majestueux tombeau sis au fond d'un grand jardin parcouru de canaux rectilignes, où d'innombrables jets d'eau dont le gazouillis semble murmurer sans cesse des mots d'amour apportent la fraîcheur. On accède ainsi au monument lui-même en traversant un coin de paradis où arbres élancés et massifs de fleurs constituent un tapis chatoyant guidant les pas. Chaque décor de la tombe, sculpté en faible bas relief ou réalisé en incrustations de millions de pierres semi-précieuses, est un poème dédié par l'empereur à son épouse. Il faut visiter le Tâj au petit matin, alors que la brume de chaleur estompe ses détails et fait de sa double coupole et de ses minarets un songe à peine sorti de la nuit, en plein jour pour détailler les mosaïques, le soir quand les rayons de la lune glissent amoureusement sur les formes arrondies de son dôme comme les doigts d'un amant caressant l'objet de sa flamme. Gardée par les quatre sentinelles immobiles de ses minarets d'angle, la tombe s'ouvre par un haut porche *(iwân)* d'ombre qui donne accès à la salle centrale au milieu de laquelle trône le cénotaphe de marbre et de pierreries, baignant dans une pénombre irisée. Shâh Jahân s'est effacé devant son amour, et son tombeau, presque humble, n'occupe que la seconde place au centre de l'enceinte octogonale de l'enclos sacré, toute de marbre ciselé à jour, comme si, par là, il avait voulu signifier que le véritable empereur était Mumtâz et non lui, puisque en réalité elle avait totalement régné sur son cœur et ses sens.

Le Tâj, que Rabindranâth Tagore qualifiait de « larme surgie du cœur débordant de tristesse d'un empereur », et qui, depuis plus de trois siècles, émeut les âmes sensibles qui s'y rendent en pèlerinage, est, malgré tout ce que l'on a pu en dire et écrire, typique d'une époque pendant laquelle les vertus masculines chères aux premiers Grands Moghols laissaient la place au raffinement des cours. D'où cette impression de féminité transparaissant dans la conception du monument, peut-être d'ailleurs désiré par l'empereur qui aurait voulu que cette tombe immortalisât les charmes de son épouse aussi bien que sa douleur de l'avoir perdue. Bien qu'Aldous Huxley ait reproché aux architectes du Tâj d'avoir manqué d'imagination, l'ensemble demeure d'une indicible majesté et d'une grâce à nulle autre pareille, expression parfaite d'une beauté qui n'est plus de ce monde et reste à tout jamais pétrifiée dans le marbre.

Mais c'est avant tout une tombe musulmane, la plus élaborée s'il en fût, comme ne cessent d'en témoigner les nombreuses inscriptions tirées du Coran qui décorent panneaux et arches, mosquées adjacentes et portails, proclamant entre autres versets : « Que soit béni Celui entre les mains de Qui se trouve le Royaume, car Il est Tout-puissant ! », et incrustées dans le marbre comme si Shâh Jahân avait voulu ainsi se faire pardonner sa folle vanité impériale.

Selon le chroniqueur contemporain Lâhaurî, dans la nuit qui suivit la mort de son épouse, Shâh Jahân avait vu sa barbe blanchir, tant son chagrin était intense. Ce serait alors qu'il aurait conçu le projet qui devait traduire, selon Edwin Arnold, « cette fière passion de l'amour d'un empereur transformée en pierre vivante éclaboussant le ciel ».

Ci-contre

Cet imposant mausolée est flanqué de deux mosquées d'un style admirable, où le grès rouge se marie avec harmonie au marbre blanc, aux proportions parfaites. Les musulmans ont coutume d'aller y faire une prière avant de traverser l'esplanade menant au Tâj, en famille ou en groupes de villageois ébahis devant la splendeur des monuments.

Double page suivante, fantôme monumental dressé dans la brume du petit matin, l'ensemble du Tâj et de ses mosquées latérales, tous détails abolis, semble surgir comme par magie d'un ciel sans couleur par-delà les flots calmes de la Yamunâ, sur les rives de laquelle seuls des roseaux ondulant souplement dans la brise attestent de la réalité de ce monde.

LADÂKH ET CACHEMIRE

Le Ladâkh, « pays du centre des cols », traditionnelle région de passage entre le Tibet et l'Inde, traversée par une ancienne route de la soie, faisait, avant le Xe siècle, partie du Tibet. Cette province du haut cours de l'Indus, montagneuse, aride et au climat glacial, qu'on ne peut atteindre en partant de Srînâgar qu'en passant par un col haut de plus de quatre mille mètres, étonne par l'hostilité pierreuse de ses paysages, parsemés çà et là des quelques taches vertes formées par de maigres champs d'orge de montagne *(grim)*, de blé ou de légumineuses, cultivés par les paysans des villages pour le compte des grands monastères bouddhiques perchés sur les hauteurs comme des forteresses. Les arbres y sont rares si l'on excepte ceux des petits vergers d'abricotiers et de pommiers, et le rocher est roi qui domine les espaces dénudés sans cesse balayés par un vent sec et coupant. Si, en été, le soleil y est cuisant, les zones d'ombre demeurent glaciales. Où que porte le regard, on ne voit que les cimes altières des pics himâlayens couronnés de neige ou de glaciers, et les abîmes vertigineux de ses étroites vallées où, sur les rives de l'Indus ou du Zanskar, se pressent des villages dont on distingue à peine les contours tant ils sont intégrés à la nature. Les hauteurs dominant les vallées et les anciennes routes commerciales, maintenant désaffectées, sont parsemées de monastères *(gompa)* élevés par des religieux venus du Tibet et qui créèrent dans cet environnement désertique de nombreux petits royaumes théocratiques. L'homme alors s'adapta au milieu, s'isola dans d'immenses complexes monastiques pour y prier les dieux qui demeurent sur les cimes, ou bien établit des coutumes qui l'aidaient à subsister en dépit de la rudesse de son environnement : la polyandrie fraternelle fut alors de règle, qui permettait d'éviter le partage des rares terres cultivables. Les traditions s'y conservèrent intactes, et la foi y demeure toujours très vivante, concentrée dans ces palais-forteresses dominant de leur imposante masse rocheuse les pauvres demeures des hommes : à Thiksé, à Hemis, à Lamayuru ou à Alchi, pour ne citer que ces hauts lieux de la spiritualité, les moines vous montrent avec fierté les magnifiques peintures qui décorent les murs ou bien se trouvent tracées sur d'immenses étoffes pour représenter les dieux du panthéon lamaïque et pouvoir mieux ainsi les invoquer lors des fêtes rituelles, et les sculptures sacrées ornant leurs salles. La solennité des lieux, l'immobilité du paysage minéral, la transparence cristalline de l'air des hauts plateaux, la lenteur des gestes, tout ici incite à la méditation, au repos des sens, à l'adoration de puissances aussi formidables que les montagnes qui les entourent, les protègent, les absorbent. Ici, tout semble appartenir au domaine de l'impalpable, comme si on se trouvait subitement transporté sur une autre planète où la vie est arrêtée, où le temps n'existe plus, où seuls les dieux ont droit de cité.

Tout autre est le Cachemire *(Kâshmîr)*, qui prolonge vers l'ouest ce Petit Tibet et qui fut longtemps le rêve des sultâns musulmans qui y voyaient un reflet du Paradis. Les Britanniques le comparèrent à la Suisse et y établirent leurs quartiers d'été, quand la chaleur les chassait des plaines gangétiques ou indusiennes. Ne pouvant posséder de terre, la loi l'interdisant, ils inventèrent d'habiter des maisons *(shikara)* flottant sur les innombrables lacs qui parsèment les vallées. Autrefois domaine bouddhique, le Cachemire devint un haut lieu du culte de Shiva avant de tomber sous la domination musulmane. La perle du Cachemire est sans conteste la cité ancienne de Srînâgar, au travers de laquelle serpente la rivière Jhelam et qui se pare de lacs aux eaux tranquilles bordés de jardins aquatiques où abondent les fleurs, lotus, zinnias, asters et autres, qui se mirent dans les eaux encombrées de lentisques aux côtés des reflets des cimes neigeuses. Les environs de cette « vallée heureuse », comme on se plaît parfois à la qualifier, enchantent le voyageur épris de pure beauté. On passe des rives des lacs Dal et Nagin sans presque de transition aux eaux azurées du lac Wular, puis, en montant toujours vers d'inaccessibles sommets, on découvre avec enchantement d'autres perles liquides incrustées dans la verdure. Sur les pistes, des pèlerins hindous vont à petites étapes, en famille, honorer le symbole de Shiva, un *lingam* de glace enchâssé dans une grotte à Amarnâth, à mi-chemin entre la terre et les cieux, à la frontière du Ladâkh. Ils quittent la quiétude des prairies fleuries, l'abondance des vergers, le bruissement des cascades pour le dénuement total qui les mènera plus sûrement sur la voie de la pureté.

Ils redescendront l'âme apaisée et se replongeront avec délices dans la riante nature des vallées du Cachemire, glorifiant la Divinité.

Ci-dessus

Sârî et tissus divers, étendus sur le toit de bardeaux d'un shikara du lac Dal à Srînâgar, sèchent et se purifient au soleil, formant un patchwork de couleurs vives rompant la monotonie des toitures délavées par les pluies et le vent.

Page de gauche, non loin d'Agrâ, sur les rives de la Yamunâ, les teinturiers étalent sur le sable les tissus fraîchement lavés et teints, afin que le soleil les blanchisse ou fixe leurs éclatantes couleurs.

Ci-contre, parfois un bijou orne la narine d'une jeune femme dont le sourire éblouissant met en valeur le hâle du visage.

Ci-dessus

Les lotus, blancs, roses ou rouges, sont des fleurs consacrées aux divinités : bien que nées d'une eau fangeuse, en s'épanouissant elles conservent intacte leur beauté immaculée.

Ci-contre et ci-dessous, les habitants du Cachemire sont d'excellents jardiniers qui cultivent souvent sur des jardins flottants une grande variété de fleurs. Elles serviront à orner les autels aussi bien que les maisons, à faire des tresses que les élégantes porteront dans leurs cheveux ou bien encore des guirlandes destinées à parer des invités, un personnage ou la statue d'une divinité que l'on veut honorer. Ce sont souvent des enfants qui, sur le lac Dal, conduisent au marché leurs étroites barques surchargées des dernières floraisons.

Ci-contre et ci-dessus

Dans les anses calmes des lacs entourant Srînâgar, les lentisques recouvrent d'un vert tapis les eaux relativement peu profondes. Et il faut la main experte d'une ménagère habitant un shikara pour écarter ce tapis végétal afin de pouvoir puiser l'eau nécessaire aux besoins quotidiens, ou encore la pagaie dévastatrice d'un vendeur de fleurs s'en allant au marché, troublant sans le vouloir vraiment la quiétude des eaux.

Double page précédente, les shikara ne sont pas tous réservés aux touristes, et nombre d'entre eux sont habités à demeure par des familles entières qui n'ont pu trouver de place sur la terre ferme. Ces maisons de bois vieillissent vite, et on les répare avec les moyens du bord. Mais on omet de les repeindre, car la peinture coûte cher. Un jour, lasses de vieillir et de pourrir, elles iront lentement goûter le repos au fond des eaux, à tout jamais dissimulées aux regards par la frêle couche végétale qui recouvre comme un tapis les eaux du lac.

Double page suivante, sur le lac Nagin, à Srînâgar, un promeneur se fait véhiculer à bord d'une légère nacelle, protégé des ardeurs du soleil par un dais de paille tressée. Des rideaux peuvent être tirés pour permettre aux amoureux de s'y reposer sans que leur intimité soit dérangée.

Ci-contre

Les femmes du Ladâkh portent traditionnellement, les jours de fête, leur lourde coiffure *(perak)* affectant la forme d'un capuchon de cobra, composée d'une multitude de turquoises et de pierres dures ou de corail cousus sur des tissus rouges. Avec leurs bijoux d'argent finement travaillés, ces femmes portent ainsi sur elles la totalité de leur fortune personnelle. Ces parures somptueuses font leur orgueil et celui de leur famille.

Ci-dessous, dans le quartier des teinturiers de Srînâgar, de longues bandes d'étoffe sèchent, attendant d'être coupées à la longueur et brodées pour en faire des sârî ou des écharpes *(dupatta)*, et forment comme un rideau de théâtre devant lequel jouent deux garçons et une fillette musulmans.

Ci-contre, cette femme de dignitaire est parée comme pour une fête, ses bijoux formant un écrin à son beau visage buriné par le rude climat du Ladâkh : argent, corail, turquoises brutes et longs pendentifs d'oreilles disent éloquemment sa position sociale et sa fortune.

Généralement perchés au sommet de collines arides, les monastères et lamasseries du Ladâkh étagent leurs bâtiments à la mode tibétaine, constituant de véritables dédales de cours et de pièces où vivent et prient des centaines de lamas. Ces monastères sont pieusement entretenus, leurs murs périodiquement blanchis à la chaux ou parés de couleur ocre ou rouge. La vie y est dure, surtout pendant les mois d'hiver où le vent souffle en rafales glacées et où le thermomètre peut descendre à moins trente degrés centigrades. Aussi, dès le printemps, la joie revient-elle sur les visages, et les lamas, comme ici à Thiksé, s'attardent à bavarder au soleil sur l'un des innombrables balcons de bois qui ponctuent les austères façades. A droite, à Rizong, les toitures du monastère sont ornées de symboles divins et de moulins à prière que le vent agite sans cesse afin d'emporter les prières des vivants dans les régions éthérées où résident les dieux.

Ci-contre

Tout au long des pistes pierreuses qui permettent de se repérer dans le lacis des montagnes du Ladâkh, on rencontre par centaines des *chorten (stûpa)* de style tibétain élevés par des voyageurs reconnaissants aux dieux d'être arrivés à bon port après un pénible voyage, ou par les habitants des villages proches et les lamas en témoignage de leur indéfectible attachement à la Loi du Bouddha. Nombreux sont ceux qui se délitent sous les assauts du gel et de la neige, vite remplacés par d'autres, la piété des habitants étant inépuisable.

Ci-dessous, la petite ville de Leh, la capitale du Ladâkh, étend ses maisons et ses vergers au détour d'un méandre du haut Indus, dans une vallée aplanie par les glaciers. Le palais royal, sur la terrasse duquel trône un *chorten* à la spire fraîchement repeinte, domine la vallée depuis un rocher et protège ses habitants. Là où la pierre n'est plus omniprésente, la terre est fertile. Elle reprend ses droits et se couvre de végétation, dès le printemps venu.

RÂJASTHÂN, PAYS DES ROIS-GUERRIERS

Situé au nord-ouest de la péninsule indienne, le Râjasthân présente deux aspects différents : à l'ouest une large partie semi-désertique ou même franchement aride, domaine des caravaniers et des commerçants, de gîtes d'étape fortifiés et de cités-forteresses immenses, à l'est une série de collines basses parsemées de ravins et de forêts buissonnantes où trouvèrent refuge les irréductibles râja (rois) opposés aux envahisseurs musulmans, et où les seigneurs râjput (fils de rois) érigèrent d'imprenables citadelles. Ces deux régions manquent d'eau, les rares rivières parcourant la seconde étant souvent à sec. Il y fait froid la nuit, et le soleil y est torride. C'est la terre des excès, où rien de ce qui surgit aux yeux fatigués de lumière du voyageur ne paraît du domaine des hommes : fantasmagorie des murailles protégées par des tours semblant sorties comme par miracle des sables et de la pierre des déserts, mirage des palais immenses paraissant flotter sur les eaux de lacs artificiels, temples jaina du mont Abû, véritables dentelles de marbre blanc au sein desquelles l'ombre est lumineuse, comme irradiée de lueurs célestes, villes roses créées de toutes pièces par un mahârâja épris de modernisme, opulentes maisons de marchands enrichis décorées de peintures naïves, rien ne manque au tableau qu'offre le Râjasthân où chaque détail recèle plus de beauté que l'ensemble, où tout rappelle à la mémoire le prestigieux passé de ses habitants.

Terre d'une grande antiquité, où se mêlèrent au cours des âges de nombreux peuples venus d'autres parties du sous-continent comme d'Asie centrale, le pays des Râjput, le Râjputana, du fait de son immensité comme de la complexité de sa physionomie géographique, vit naître un grand nombre d'États petits et grands qui ne cessèrent de se combattre, souvent plus pour la gloire de leurs seigneurs que pour la conquête de territoires. Ces mahârâja, râja, rânâ, nawâb, râwal, râo ou autres potentats au caractère passionné et fier, au désir jamais satisfait de plaisirs, de luxe, d'exploits guerriers ou cynégétiques, grands bâtisseurs de palais et de forteresses, farouchement opposés aux envahisseurs musulmans, érigeant leur foi hindoue en drapeau, devinrent cependant de fidèles alliés des empereurs moghols (qui leur laissèrent, ne pouvant faire autrement, la liberté de suivre leurs coutumes et leurs croyances) comme des vice-rois britanniques, qui saluaient les plus puissants d'entre eux de salves de canon plus ou moins nombreuses selon leur rang lorsqu'ils apparaissaient à un grand *Darbâr* (réunion des chefs d'État), juchés sur leur éléphant de parade décoré pour la circonstance de peintures et de bijoux fabuleux, ou, plus récemment, se pavanant à l'arrière de luxueuses Rolls-Royce en argent massif au volant taillé dans l'ivoire. Descendant du Soleil, de la Lune ou du Feu selon les légendes concernant leurs origines, les chefs des clans râjput (on en comptait plusieurs dizaines répartis en une vingtaine d'États souverains au début de ce siècle) appartenaient à plusieurs peuples se disant distincts, tels les Sisodia d'Udaipur et de Bânswâra, les Kachhwâhâ de Jaipur et d'Alwâr, les Râthor de Jodhpur et de Bîkâner, les Chauhân de Kotah et de Bundî, les Jât de Bhâratpur et de Dholpur entre autres, mais qui, bien que se querellant sans cesse et incapables de s'unir contre leurs ennemis du dehors, participaient du même esprit guerrier qui les fit conquérir d'autres États dans l'Inde centrale, comme les Chandella responsables des magnifiques temples de Khajurâho ou encore les Bundelâ réfugiés dans leurs fantastiques forteresses d'Orcchâ ou de Datiâ et qui tinrent tête aux formidables armées des Moghols. Seul le petit État de Tonk, situé à quelques cent kilomètres au sud de Jaipur, devint musulman en 1817 après qu'un chef Pindarî eut fait soumission aux Anglais...

Une telle diversité d'origines et de situations géographiques concourut à une diversité non moins grande de coutumes et d'artisanats. Concernant les costumes des femmes, le sârî de couleurs vives où domine le rouge assorti d'un *cholî* (sorte de boléro très ajusté appelé *puth* dans la région de Jodhpur) orné de broderies, de pièces d'argent ou de miroirs, contraste parfois avec les lourdes jupes évasées, les pantalons étroits aux teintes claires et les chemises flottantes ornées d'une longue écharpe *(dupatta)* de couleur. Les hommes arborent des tenues venues de tous les coins de l'Inde, mais se parent inévitablement d'énormes turbans de toile de coton, rouges, blancs ou jaunes, savamment enroulés en torsades compliquées. Les bijoux ornent ostensiblement toutes les femmes, chaînes de tête soutenant de lourds anneaux d'oreilles et des bijoux de front, bracelets accumulés en ivoire, argent ou verre coloré, épais anneaux de

chevilles de mêmes matières, artistement ciselés, colliers massifs superposés en rangs, pierres précieuses ou cercles d'or sertis dans la narine, bagues aux doigts et aux orteils reliées par des chaînettes. Lors des fêtes, elles peignent la paume de leurs mains et leur visage de dessins géométriques compliqués tracés au henné ou à l'indigo. La fortune des femmes, leur dot, est entièrement investie en parures qui indiquent ainsi, autant que leur richesse, leur place dans la société. Qu'elle soit paysanne, commerçante, artisane ou princesse, la femme râjput porte avec elle une fierté innée qui transparaît dans le moindre de ses gestes comme dans sa démarche. La plupart des hommes portent la moustache, blanche, longue et soyeuse ou au contraire noire, rase et drue, signe indiscutable de leur virilité comme du courage qui les fait agir en toute occasion.

Le Râjasthân c'est, plus qu'un pays de râja, de palais et de forteresses, de déserts et de fondrières où affleurent le marbre blanc et les quartzites roses des monts Ârâvallî, une foule bigarrée et accueillante au voyageur, industrieuse et riante. L'agriculture y est difficile, mais le paysan, dur au labeur, réussit à y cultiver du petit mil *(bâjra)*, du millet *(jowar)*, du maïs, du coton, du tabac, un peu de blé, surtout grâce aux lacs artificiels et aux travaux d'irrigation commencés par les divers mahârâja et continués par les gouvernements indiens successifs. Il élève principalement des bovins et des chèvres et, dans les régions désertiques, des dromadaires. Chaque année, le jour de la pleine lune du mois de *Kârttika* (octobre-novembre) se réunit à Pushkar, autour d'un immense lac créé, selon la légende, par Brahmâ avec une fleur de lotus qui y terrassa un mauvais génie, une foule immense qui vient vénérer les dieux et aussi et surtout vendre à la foire dromadaires et bovins : fantastique rassemblement de tentes, d'hommes et d'animaux parés comme pour une fête qui, dans la poussière évaporée du sable sous le vent du désert proche, compose une scène que nul peintre ne pourrait imaginer sans l'avoir vue. Ce lieu est sacré pour tous les hindous (bien que, souvent, des musulmans s'y rendent en commerçants) et, avant l'indépendance, ce jour béni, les mahârâja se faisaient peser lors de la cérémonie du Tûlâ-dâna pour, ensuite, distribuer aux brâhmanes et aux temples l'argent, l'or et les pierres précieuses correspondant à leur poids. Grâce à cette manne annuelle, les brâhmanes purent édifier sur les bords du lac des temples plus luxueux les uns que les autres, ce qui aboutit à la création d'une véritable ville religieuse qui ne cessa de s'enrichir et d'attirer un plus grand nombre de pèlerins.

Le voyageur qui traverse le Râjasthân passe presque sans transition, si l'on excepte les paysages marécageux des bords de la rivière Lunî qui sépare la contrée montagneuse des platitudes du désert, des villages blottis au sein des jungles, avec leurs maisons nettes aux murs d'adobe colorés de safran, de vermillon ou parfois de bleu, avec leurs rues sans cesse balayées par des fantômes rouges courbés sur leur paquet de branchages et leurs petits marchands accroupis devant leur éventaire, aux huttes des éleveurs nomades au large toit de chaume groupées autour des rares puits où se retrouvent périodiquement villageoises venues puiser une provision d'eau et caravaniers harassés, et aux impressionnantes forteresses aux murs d'enceinte formidables qui surgissent çà et là, au sein de solitudes arides, d'amoncellement apocalyptique de rocs ou bien encore au milieu de la quiétude de lacs fleuris de lotus. Telle est par exemple Jaisalmer, extraordinaire cité fortifiée qui, tel un château de la Mancha, semble être née du roc et des sables, rouge comme eux des feux du soleil couchant ou encore tremblotant dans l'air surchauffé du milieu du jour, fantômatique apparition qui défie le bon sens et paraît être une vision d'un autre monde.

Une vie entière suffirait à peine pour parcourir le Râjasthân, rêver devant ses gloires évanouies, s'étonner de sa diversité, se réjouir le soir et la fraîcheur venus, avec les fiers et amicaux Râjput...

Ci-contre, certaines demeures *(havelî)* de riches négociants de Jaisalmer sont, par leur décoration de style moghol, de véritables palais aux balcons multiples ciselés en dentelle, aux encorbellements travaillés en stalactites parfois d'une étonnante finesse, où les ombres et la lumière accentuent les reliefs sculptés dans un grès tendre.

Ci-dessus

Timide, une jeune fille curieuse se hasarde à jeter un coup d'œil au-dehors d'une des multiples fenêtres ouvragées de sa demeure de Jaisalmer.

Ci-contre, à la fois palais et forteresse, la citadelle de Jodhpur fut le domaine réservé d'un des plus puissants princes Râjput qui était salué, lors des cérémonies officielles, par dix-sept salves de canon. Cette citadelle, construite du XVIe au XVIIe siècle, est entourée de hauts murs longs de sept kilomètres et demi, percés de sept portes. C'est maintenant une ville-musée, célèbre notamment pour ses expositions de bijoux princiers, de miniatures, d'armes et de palanquins, tout autant que pour le luxe parfois tapageur de ses innombrables salles.

Page suivante, à gauche, la façade du célèbre Hawa Mahal le « palais des Vents » de Jaipur n'est constituée que de balcons derrière lesquels circulent d'étroits couloirs et escaliers. Comme toutes les constructions du mahârâja Jai Singh II (fin XVIIIe siècle), elle est teintée d'ocre rose. Page suivante, à droite, les portes d'entrée de la ville de Jaisalmer, située au milieu du désert de la mort (Thar), sont toujours surmontées de symboles solaires. Une petite effigie de Ganesha, le dieu-éléphant protecteur des voyageurs et des marchands, accueille les visiteurs et leur apporte sa bénédiction.

Les riches marchands du Mârwâr qui s'établirent dans les cités du Râjasthân se complurent à décorer de peintures les murs de leurs parfois fastueuses demeures, louant au besoin les talents des plus fameux peintres du temps. Images profanes et religieuses se côtoient, faites plus pour montrer la richesse du propriétaire des lieux que dans un souci d'esthétique pure. Les grandes portes demeurent aujourd'hui closes, qui n'étaient autrefois ouvertes que lors des fêtes, pour livrer le passage aux éléphants.

Ci-dessous, dans une cour intérieure, une jeune femme baratte le lait pour en faire du beurre ou du yaourt, tout en rêvant peut-être à des amours impossibles.

Ci-contre

Assises sur l'échiffre de l'escalier d'accès à un temple, deux femmes d'une tribu râjput se reposent d'une longue marche sous un soleil ardent. Pour venir jusqu'ici, elles ont mis tous leurs bijoux, la plus âgée tirant fierté des nombreux bracelets d'ivoire ornant ses bras.

Ci-dessus, la corvée d'eau incombe toujours aux femmes qui, parfois, sont obligées de parcourir un long chemin pour aller au puits le plus proche puiser l'eau dans de grandes jarres pansues sommairement décorées.

Pages suivantes, à quoi rêve ce jeune Râjput, accoudé pensivement à une fenêtre de son palais autour de laquelle courent en guirlande des effigies de Krishna et de Râdhâ, symboles éloquents des amours divins ? Peut-être au jour de son mariage, lorsqu'il passera aux doigts de sa jeune épouse les anneaux rituels, une épouse parée comme une déesse, aux bijoux étincelants, aux mains artistement décorées de dessins tracés au henné, alors que les musiciens loués pour la circonstance soufflent à en perdre haleine dans leurs hautbois, en tirant des accents stridents pour effrayer les démons et attirer la bienveillance des dieux sur le couple...

Double page précédente

Revenant du puits où elles ont longuement bavardé avec leurs consœurs, ces femmes réalisent des prodiges d'équilibre en portant sur leur tête qui une jarre qui un seau emplis d'eau pesant parfois une vingtaine de kilogrammes. Malgré cette lourde charge, elles vont alertes et gaies, continuant de bavarder entre elles.

Ci-contre, les turbans portés par les Râjput sont constitués par une longue bande de gaze de coton, pouvant parfois atteindre plus d'une dizaine de mètres. Il faut une grande habitude pour enrouler avec dextérité cet ornement sans qu'il risque de se défaire au moindre vent ou mouvement brusque, car aucune épingle ne vient assujettir le long ruban de couleur.

Ci-dessus et double page suivante, chaque année, lors de la pleine lune d'octobre-novembre, d'énormes foules de paysans venus de toutes les parties de l'Inde du Nord-Ouest se rendent autour des collines et du lac de Pushkar (du lotus de Brahmâ) pour y vendre bœufs à bosse, vaches et dromadaires. L'air est sec, la poussière omniprésente, la foule animale et humaine impossible à décrire. Et au petit matin, alors que le soleil se lève à peine, c'est un concert assourdissant de meuglements, de blatèrements, de cris des hommes qui monte dans l'air encore frais, présage d'une chaude journée à la fin de laquelle, toutes transactions effectuées, marchands et paysans iront se reposer dans l'ombre bienfaisante des temples pour y prier et remercier leur divinité d'élection.

LA COLLINE DES PARFAITS

Du mont Abû, ancien sanctuaire jaina aux temples de marbre ciselés comme une dentelle, à Palitana, située au cœur de la presqu'île du Kâthiawâr dans l'État du Gujarât, pendant le mois de Chaitra (mars-avril), les routes sont encombrées de pèlerins vêtus de blanc qui se rendent sur la colline sacrée de Shatrunjaya pour y commémorer l'anniversaire de la naissance du Mahâvîra Vardhamâna, le vingt-quatrième et dernier des Parfaits Tîrthankara, « faiseurs de gué », qui fonda la religion des jaina au VIe siècle avant notre ère. La foule est énorme qui se presse au pied de l'immense escalier permettant de gravir la colline sacrée : prêtres au crâne rasé et bouche voilée pour éviter d'avaler par mégarde quelque imprudent insecte, courbés sur le chemin qu'ils balaient devant eux pour écarter tout animal qui risquerait de périr sous leurs pas, laïcs portant des plateaux chargés de fleurs et d'offrandes alimentaires et qui s'aident dans leur marche avec un bâton noueux, enfants, vieillards transportés dans des *doli* (chaises à porteurs) de bois, tous se protégeant du soleil par un chapeau ou un pan de voile. Ils accélèrent le pas, se reposent un instant pour souffler, reprennent leur marche vers le sommet, plus lentement car la route est longue, tous désireux d'arriver à temps pour assister aux cérémonies, au bain de la grande statue du Mahâvîra, à sa parure de fleurs, à son ornementation de joyaux. S'il leur reste du temps, ils ne manqueront pas d'aller prier au pied de l'effigie d'Âdinâtha, le plus ancien de tous les Parfaits...

Mais tout au long de l'année, si la foule est moins grande, la colline est peuplée de pèlerins. Il faut du temps pour visiter les onze enceintes *(tuk)* sacrées où se pressent quelque 863 temples aux spires blanchies à la chaux dédiés aux « Parfaits » (Tîrthankara) et aux quelques sept mille statues de ceux-ci qu'honorent les fidèles jaina depuis que le « Grand héros » Vardhamâna élabora sa doctrine et se posa, dans le Bihâr où il naquit, en rival du Bouddha. Sa vie et les légendes qui l'entourent sont d'ailleurs parallèles à celles de Gautama : lui aussi naquit dans une famille noble qu'il quitta pour se lancer à la recherche de la vérité après avoir engendré une fille, lui aussi mena une vie d'ascète avant de s'asseoir pour méditer sous un arbre, enfin, comme le Bouddha, il parcourut de long en large le Bihâr et les régions avoisinantes afin d'y répandre son enseignement qu'il qualifia de « victorieux » (jaina) et qui, sous certains aspects, rejoignait celui du bouddhisme, en y ajoutant cependant quelques concepts originaux comme celui d'une vue relativiste de l'univers. Mais ce qui caractérise le plus fondamentalement les jaina, c'est leur stricte observance de *l'ahimsâ,* ou « non-nuisance » envers tous les êtres, qui leur fit abandonner l'agriculture de peur de porter atteinte à la vie des animaux, fussent-ils microscopiques, pour se consacrer à des artisanats divers ou à des opérations commerciales ou bancaires. C'est ainsi que leur rôle social devint extrêmement important, malgré leur nombre relativement restreint (on en compte à peine trois millions). Certains d'entre eux, les Dîgambara « vêtus de ciel » avaient coutume d'aller entièrement nus, poussant le respect de toute vie jusqu'à l'extrême. Mais aujourd'hui, la grande majorité d'entre eux, les Shvetâmbara « vêtus de blanc », tout en respectant les principes de *l'ahimsâ*, ne portent que des vêtements blancs immaculés, refusent tout objet en cuir et observent une diète strictement végétarienne. La communauté laïque, très riche, subventionne de nombreuses œuvres philanthropiques et participe activement à l'entretien des temples et des ascètes, hommes et femmes, qui y vivent. Ses philosophes et savants furent à l'origine de nombreuses découvertes scientifiques, notamment en logique et mathématiques, et développèrent également des doctrines tantriques qui influencèrent souvent les croyances indiennes. Par ailleurs, les jaina font pleinement partie du monde hindou, leurs théories religieuses reposant sur la croyance en la réincarnation. Leur influence économique et culturelle demeure considérable. Cependant, leur art, comparé à celui des hindous, est statique qui déroute quelque peu le visiteur de leurs temples, et les innombrables statues assises ou debout, des Tîrthankara qui les décorent ne peuvent être identifiées que par des symboles inscrits à leur pieds : ayant atteint au *kevala*, à l'Absolu, ils ne sauraient être différenciés.

Page précédente

Un serviteur d'un temple jaina, appartenant à une autre religion comme cela est la coutume, porte les flammes sacrées que les pèlerins offriront en hommage aux Tîrthankara. Pour obéir aux lois de l'*ahimsâ*, de la non-nuisance envers tous les êtres, il porte un voile sur la bouche et le nez, aussi pour ne pas risquer de souiller la flamme de son souffle.

Ci-dessous, un fidèle jaina, avant d'entrer dans le temple, a laissé ses chaussures à la porte et a revêtu une tunique blanche, en signe de pureté. Après avoir acheté des fleurs, il ira les offrir, avec une lampe à huile et des onguents ou de l'encens, aux statues des saints Parfaits qu'il vénère plus particulièrement et dont il oindra pieusement toutes les parties du corps.

Ci-contre, à Shravana-Belgola, dans le Karnâtaka, de pieux souverains ont, au Xe siècle, érigé une statue monolithique haute de 18 mètres à la mémoire d'un saint ascète jaina, Gomateshvara, que tous les jours, matin et soir, un prêtre vient rafraîchir en hommage, parfois déposant à ses pieds fleurs et jattes de lait.

Double page suivante, dans un des 863 temples jaina de la colline sainte de Shatrunjaya à Palitana, dans le Saurâshtra, des femmes viennent apporter des offrandes, ici à une toute petite statue en or d'Âdinâtha, le premier des Parfaits du jainisme, juchée sur un quadruple piédestal sis sous un dais de marbre recouvert d'or.

Tout comme le Mahâvîra, le Bouddha naquit dans le Bihâr. Ici, il est représenté couché, sur le point d'entrer dans le Nirvâna (grottes d'Ajantâ, VIe siècle).

Ci-contre, un des 24 Tîrthankara jaina, à l'allure hiératique, d'un des temples du mont Abû (XIIe siècle).

LES TOURS DE L'ORISSÂ

Longue plaine océane allongeant paresseusement ses lagunes et ses plages le long du golfe du Bengale, gorgée de l'eau de la Mahânadî qui étale les bras de son delta sur une grande partie de sa superficie, l'Orissâ fut une voie de passage toujours très convoitée entre le luxuriant Bengale et les pays drâvidiens du Sud. Mais si sa partie basse est bien connue, ses collines de l'ouest, par-delà les abruptes falaises des Ghât, recèlent encore bien des mystères : c'est là que, au sein de jungles difficilement pénétrables, se réfugièrent de nombreuses ethnies fuyant les dominations hindoues et musulmanes, tribus encore souvent mal connues, d'origines diverses, drâvidiennes, munda ou autres, reliquats de populations chassées des plaines par l'avancée des peuples indo-européens dans la péninsule. Certaines sont nombreuses, comme les chasseurs-agriculteurs sur brûlis des Santalî ou des Gond, d'autres, plus restreintes et terrées au fond des forêts, gardent jalousement d'ancestrales coutumes ignorées des autres Indiens et élèvent encore de nos jours des monuments mégalithiques à leurs morts.

Cependant, ces tribus aux coutumes étranges descendaient autrefois jusqu'à la mer, et quelques-uns de leurs dieux furent adoptés par l'hindouisme, qui les transforma, tel ce Jagannâtha « Seigneur du monde », vénéré dans le grand temple de Purî en compagnie de son frère et de sa sœur qui sont représentés à l'imitation des idoles tribales, comme de simples morceaux de bois peints de couleurs vives. Devenus des avatâra de Vishnu, lui-même d'origine probablement drâvidienne, la piété hindoue leur a élevé à Purî, la ville sainte, un temple magnifique en forme de tour monumentale, que les Européens appelèrent la « pagode blanche », peut-être pour mieux le distinguer d'un autre temple situé au bord de l'océan et dédié au Soleil, dont la pierre paraît sombre dans l'éclatante lumière. Pourtant la tour-sanctuaire du temple de Jagannâtha est construite en pierre foncée et n'a rien d'immaculé. Construite vers l'an mil, elle culmine à 63 mètres et domine un ensemble de bâtiments enclos dans un immense mur haut de six mètres. Nul ne peut pénétrer dans l'enceinte sacrée s'il n'est pas hindou. Véritable cité religieuse, le temple de Jagannâtha occupe près de six mille prêtres et serviteurs qui, tout au long de l'année, s'affairent à préparer les fêtes et les processions rythmant la vie religieuse de la cité. Toutes attirent d'innombrables pèlerins, mais la foule et la ferveur sont à leur comble lors de la pleine lune de juin-juillet, alors que les divinités sont sorties du temple, juchées sur trois immenses chars en bois sculpté *(râtha)* à seize roues que tirent des milliers de fidèles attelés aux cordages, encouragés par les cris et les prières de centaines de milliers de dévots spectateurs. Le spectacle est extraordinaire, la foule tumultueuse, la chaleur accablante, la poussière omniprésente, la ferveur inimaginable.

A quelques kilomètres se trouve, entourant un grand lac qui tempère un peu l'atmosphère, l'ancienne cité sacrée de Bhûvaneshvar qui s'enorgueillissait de posséder cinq mille temples. Des quelques cinq cents qui subsistent encore, souvent hélas ! en ruine, seule la tour-sanctuaire *(deul)* du Lingarâja, symbolique du culte de Shiva, accompagnée de nombreuses tours plus petites qui forment comme une forêt de pierre, est interdite aux non-hindous. Les autres temples, pour la plupart dominés par une tour aux arêtes curvilignes qui préfigure celles de Khajurâho, ne sont plus guère que des vestiges archéologiques dressant leurs magnifiques architectures au milieu des arbres et des papayers.

Mais le temple le plus célèbre peut-être se dresse, solitaire, sur la grève où son énorme tour servait de point de repère aux navigateurs. C'est Konârak, le temple du Soleil, construit au XIIIe siècle et demeuré inachevé, œuvre colossale en grès violacé, hymne formidable à l'astre du jour que les hindous vénèrent en récitant chaque matin la prière de la *Gayatrî* :

« Aimable lumière de Sâvitar, notre vœu est de t'avoir en nous, comme guide de nos pensées. »

Construit en forme de char solaire à vingt-quatre roues tiré par sept chevaux, ce temple immense est orné de milliers de reliefs et de sculptures d'un style achevé représentant divinités et danseuses, couples enlacés, symbolisant la joie de vivre. On ne se lasse pas de les détailler, de les admirer, de les commenter. Et on reste émerveillé devant la majesté désolée de cet insolite monument qui, sous son énorme masse, s'enlise tous les jours un peu plus, inexorablement, dans les sables, comme écrasé par le Soleil lui-même, écœuré de n'avoir plus de fidèles.

Page précédente

Une villageoise de Gol décore les murs de sa maison de dessins auspicieux, tracés à la main et appelés *Osa* dans l'orissâ, afin d'attirer sur elle la protection des dieux.

Ci-dessus, jeune fille du sud de l'Inde se préparant à rencontrer pour la première fois l'époux que ses parents lui ont choisi. Elle le salue de la manière traditionnelle indienne, en faisant l'*añjali* de ses mains jointes. Elle a revêtu pour la circonstance les bijoux que lui ont légués ses parents.

Ci-contre, bien que les Indiens aiment à se promener sur les plages qui bordent le pays sur des milliers de kilomètres, rares sont ceux ou celles qui se hasardent à plonger dans les flots pour y nager, car ils redoutent la mer. Ils se contentent, lorsque le rituel de certaines fêtes ne les y oblige pas, de faire trempette, ce qui les emplit d'aise.

Ci-dessus

La femme d'un pêcheur rapporte la moisson de son mari, toute heureuse de son abondance : la famille ne mourra pas de faim et le surplus pourra être vendu au marché.

Ci-contre, les villages de pêcheurs s'alignent tout au long des côtes et font partie de castes particulières. Le poisson, lorsqu'il n'est pas consommé frais, est mis à sécher au soleil afin de pouvoir mieux se conserver. Ici, la pêche des poissons-sabres a été particulièrement abondante et les habitants du village pourront se reposer quelques jours. Leurs cabanes de feuilles de palmier sont parfois seulement temporaires, le véritable village se trouvant souvent plus loin dans les terres, à l'abri des caprices de l'océan.

Ci-contre

Cette jeune femme, adepte du culte de Vishnu, a inscrit le nom de Râma, un avatâra du dieu, sur son front, afin d'être protégée par celui-ci.

Ci-dessous, aller au bord de la mer est toujours un plaisir car, sauf pour les pêcheurs, c'est le signe des vacances, du repos. Mais on reste prudemment au bord : nul n'oserait s'enhardir au large, car l'océan est peuplé de démons, et seuls les pêcheurs possèdent des charmes assez puissants pour les tenir éloignés. Ici, à Purî, quelques-uns des pèlerins venus assister aux fêtes se délassent et se rafraîchissent en famille.

Ci-contre, un des ascètes, ici un adepte des cultes de Shiva ainsi que le montrent les traits horizontaux tracés à la pâte de santal sur son front, comme on peut en rencontrer par toute l'Inde, sur les chemins et dans les montagnes. Des fidèles, pour l'honorer, lui ont passé des guirlandes autour du cou.

Ci-dessus

Vaches et taureaux ne sont pas tous sacrés, quoique l'on en dise, et nombre d'entre les bovins sont utilisés pour tirer l'araire ou traîner des charrettes. On ne manque cependant pas de les respecter et, les jours de fête, notamment lors du Pongal (première récolte du riz) dans le sud de l'Inde, on dore leurs cornes et sabots après les avoir lavés et leur avoir offert du riz et des fleurs.

Ci-contre, dans les villes saintes, comme ici à Purî, nombre de vaches sont laissées en liberté et ne sont astreintes à aucun travail. Certains hindous, notamment les adeptes des cultes de Shiva, comme ci-dessus, les vénèrent d'une façon particulière et leur offrent, lorsqu'ils le peuvent, quelque verdure : c'est ainsi faire offrande à la « mère de l'Inde », à la Gangâ, à Shiva. On honore également ce grand dieu en la « personne » de Nandi, sa monture animale *(vâhana)*, dont l'effigie se trouve immanquablement placée dans un templion précédant les sanctuaires dédiés à Shiva, ici dans le temple de Vîrûpaksha à Pattadakal, dans le centre de l'Inde. Les cloches suspendues sont animées au moment de la prière, pour que leur vibration fasse revivre la divinité.

Double page suivante, la fête des chariots (Râthayâtrâ) rassemble chaque année à Purî dans l'Orissâ, au début de la mousson, des foules énormes de pèlerins et de curieux venus pour obtenir un *darshan* (vue auspicieuse) autant des statues de Jagannâtha (une forme de Vishnu) que du mahârâja local. Ce dernier, un jeune avocat, porté dans une petite carriole et abrité par un parasol (qui est aussi un insigne de sa dignité), a grand peine, malgré les gardes qui le précèdent, à se frayer un passage dans la foule pour aller au temple donner le coup d'envoi des festivités.

Ci-dessus

Un ascète shivaïte, aux cheveux réunis en chignon et portant à la main le trident qui indique son état de *sâdhu* (saint homme itinérant), est venu lui aussi adorer Vishnu. Car les dieux sont Un, bien que les manières de vénérer l'Entité suprême varient selon les sectes.

Ci-contre, au centre de la cité de Bhûvaneshvar s'étend le lac sacré de Bindusâgar, au centre duquel se dresse un îlot transformé en temple. Tout autour se pressaient des milliers de temples et de sanctuaires, dont il ne demeure plus que quelques centaines. Autrefois lac sacré censé être alimenté par toutes les rivières de l'Inde, il n'est plus fréquenté que par les voyageurs et les pèlerins qui y viennent méditer lors des jours de fête, la ville proche de Purî drainant toute la ferveur des hindous.

L'INDE DU SUD, PAYS DES DRÂVIDIENS

Situé à la pointe méridionale de l'Inde, coincé entre la mer d'Oman et le golfe du Bengale, au débouché de l'océan Indien, le pays des Drâvida, populations probablement autochtones parlant des langues non affiliées au groupe indo-européen, a toujours eu deux sphères d'activités, agricole dans les plaines fluviales, maritime sur les côtes. D'où la richesse de la région, comparée aux aridités de l'Inde centrale, du Dekkan. D'où également l'antiquité de ses cultures, le foisonnement de ses cités-temples, la diversité de ses folklores, de ses coutumes, de sa musique. Ses hardis marins se lancèrent à la conquête de la péninsule malaise et de l'Asie du Sud-Est, conquirent l'île de Ceylan et y apportèrent la civilisation indienne venue du Nord. Par ailleurs, c'est sur ses côtes occidentales qu'abordèrent Juifs, Arabes, Africains, Turcs et Européens à la recherche d'asile, de terres, d'aventure, d'or ou d'épices.

Le pays drâvidien est, magré les apparences, comme le reste de l'Inde, trop vaste pour être unique, et ses paysages vont des cocoteraies océaniennes du Kerala à la côte du Coromandel (pays des Chola) en passant par les hautes montagnes « bleues » des Nîlgîri et les plaines irriguées par de puissants fleuves nourriciers telle la Kâverî ou la Tungabhadrâ qui prennent naissance dans les Ghât occidentaux. Ces disparités géographiques furent à l'origine de nombreux royaumes et d'empires qui se succédèrent jusqu'à nos jours, laissant pour témoignage de leur passage d'imposants témoins de leur grandeur.

Le royaume de Madurai fut célèbre, au début de notre ère, pour son académie poétique. Plus au nord demeurent les vestiges d'importants établissements bouddhiques comme Amarâvatî, dont l'art se diffusa dans toute la péninsule. De la fin du IIIe siècle au début du IXe, la côte orientale vit s'épanouir une société tournée vers la mer : les Pallava qui, après avoir éliminé les Ândhra et les Pândya, deux dynasties locales, érigèrent d'étonnants monuments en hommage aux divinités hindoues, rochers sculptés en forme de temples de Mahâballipuram, grottes à piliers sculptés, temples construits ornant leur capitale Kânchîpuram pour honorer Vishnu, Shiva ou encore le Bouddha ou le Mahâvîra, l'œcuménisme semblant alors de règle. Le célèbre rocher sculpté appelé « Descente du Gange » demeure une énigme : faisant face au soleil levant, et divisé en deux parties par une fissure, il montre à droite des registres superposés d'animaux, éléphants, lions, gazelles, singes et, à gauche, séparés par des Nâga (génies aquatiques), des ascètes dans une forêt et près d'une cabane. En revanche, quelques-uns des *râtha* (rochers sculptés) portent des effigies de princes et de princesses. Dans l'océan, près des plages, quelques rocs émergés ont reçu des ébauches de sculpture. De même, la curieuse « grotte du tigre », peut-être un trône royal utilisé pendant quelque cérémonie oubliée, semble avoir été brusquement abandonnée avant d'être terminée.

Au début du IXe siècle, ces navigateurs-marchands se virent supplantés par une autre dynastie, celle des Chola, qui constituèrent une sorte de thalassocratie dominant, à partir de leur capitale Tanjavûr (Tanjore), les mers orientales. Leurs architectes, magnifiant la puissance de leurs souverains, développèrent les styles d'architecture ébauchés par les Pallava et érigèrent des temples grandioses, comme ceux du Brihadeshvara de Tanjavûr ou de Gangaikondacholapuram, chacun orné d'une tour *(vimâna)* gigantesque culminant à 66 mètres pour le premier et à plus de 45 mètres pour le second, ou moins imposants, dont ils couvrirent la région sur laquelle ils régnaient. Tanjavûr, sise au milieu du delta de la Kâverî verdoyant de ses rizières, et qui s'annonce de loin par-delà les cimes des palmiers, fut une capitale fastueuse, ornée de plus de soixante-quinze temples. Le cœur vivant de la cité était le grand temple de la Danse, dédié à Shiva sous son aspect de Tândava, « Celui qui danse la création et la destruction du monde ». C'est là peut-être que vécurent les premières *devadâsî* « servantes des dieux », dont les 108 poses traditionnelles de danse, immortalisées sur les peintures et dans la pierre, constituaient le plus fervent des hommages à Shiva. Depuis cette époque d'ailleurs, la cité de Tanjavûr est demeurée un haut lieu de la musique et de la danse sacrée, le Bhâratanatyam. Un modeste et unique portail de plan rectangulaire (ajouté au XIIIe siècle) conduit à l'immense cour entourée d'une galerie où se déroulaient les fastes royaux. Le sanctuaire se trouve précédé d'un pavillon consacré à Nandin, le taureau blanc monture du dieu, perpétuellement oint et adorné de guirlandes par les brâhmanes et les fidèles. L'eau lustrale dont on ondoyait sans cesse le grand *lingam* de pierre noire érigé au sein du sanctuaire s'écoulait au-

dehors par une gargouille dans un bassin de pierre, où elle était pieusement recueillie par les fidèles. De nos jours encore, lors des fêtes, les brâhmanes, seulement vêtus d'un *longhi* de toile blanche, tentent de recréer, à grand renfort de chants et de prières, l'atmosphère de religiosité qui imbibait autrefois les lieux. Mais les Chola ont laissé bien d'autres monuments témoignant de leur richesse, de leur piété comme du talent de leurs architectes, à Chidambaram où la musique et la danse sont reines, à Kumbhakonam où, tous les douze ans, d'innombrables pèlerins adeptes de Shiva viennent se baigner dans le bassin sacré, à Darasurâm aux admirables statues de saints, que sais-je encore...

La cité de Madurai, d'antique fondation, créée selon la légende d'une goutte de nectar divin tombée de la chevelure de Shiva, est tout entière dépendante de son grand temple de Mînakshî-Sundareshvara, consacré au double culte de Shiva et de sa parèdre « aux yeux en forme de poisson » à qui rien de ce qui se passe ne peut échapper. Le temple actuel ne date que du XVIIe siècle, et se signale par les immenses proportions de ses portails d'entrée, les *gopuram*, surmontés de onze étages récessifs en forme de pyramide rectangulaire et ornés des effigies de myriades de dieux et de personnages mythologiques, repeints tous les soixante ans de couleurs vives. De multiples enceintes vaguement carrées et concentriques mènent le visiteur, de gopuram en gopuram de moins en moins hauts, aux sanctuaires proprement dits, qui ne se distinguent que par un petit dôme doré.

Au fur et à mesure que l'on pénètre plus avant dans le temple, traversant de multiples cours où vit une population laborieuse d'artisans, de prêtres et où se promènent parfois des éléphants décorés de peintures comme pour aller à un bal, la lumière se fait moins intense. Ici et là s'élèvent des *mandapa*, salles à toiture plate soutenue par des centaines de piliers sculptés, des bassins entourés de degrés où les fidèles viennent se purifier avant de pénétrer dans le saint des saints, des arbres centenaires, des cours annexes, des dépendances pour les cuisines ou les demeures des prêtres et des serviteurs. Les sanctuaires (il y en a deux, l'un pour Shiva-Sundareshvara, l'autre pour Mînakshî) sont sombres, comme pour accentuer le mystère divin. Des peintures murales racontent des légendes, et d'innombrables statues des dieux, noires et luisantes du *ghî* (beurre végétal) dont les fidèles les enduisent en signe de vénération, sont constellées de taches de poudre vermillon, signes visibles de la ferveur des dévots. Une foule affairée envahit perpétuellement les cours, qui crie sa dévotion entre les tintements des cloches et les appels plus humbles des mendiants dont les cohortes hantent les entrées entre les boutiques, d'objets sacrés, les vendeurs de fleurs et de guirlandes et les marchands de souvenirs.

Mais Madurai n'a pas la palme du gigantisme religieux : le grand temple de Ranganâtha-Svâmi, élevé sur l'îlot de Shrî Rangam au milieu de la Kâverî, réuni à la rive par une chaussée soutenue par trente-deux arches, possède en effet vingt et un gopuram et sept enceintes concentriques autour d'un sanctuaire de forme circulaire. Dédié au culte de Vishnu, élevé du Xe au XVIIe siècle, il comporte un nombre impressionnant de mandapa (l'un d'eux a 953 piliers richement sculptés), de temples annexes (dont un dédié à Shiva car il y a identité entre les divinités, expressions diverses d'une seule Réalité divine), de cours, de dépendances.

Le pays drâvidien c'est aussi, plus au nord-ouest, le Maisûr (Mysore) ou Karnâtaka, célèbre non seulement pour les fastes de ses mahârâja, mais aussi pour ses fêtes du Dusserâ à l'issue desquelles on brûle dans la liesse d'immenses effigies en bois et papier des personnages du *Râmâyana*, pour ses temples en stéatite noire aux colonnes faites au tour, de Belûr et de Halebîd, élevés sur un plan en étoile. C'est également la fantomatique Hampi, ancienne capitale de l'éphémère empire hindou de Vijayanâgar qui, du XIVe au XVIe siècle, résista victorieusement aux assauts répétés des sultâns du nord et du Dekkan, ville aux toits couverts d'or dont il ne demeure plus que des piliers de granite et quelques temples épargnés par le temps et la fureur iconoclaste des armées musulmanes. C'est la colline de Sravana-Belgola, sommée d'une statue monolithique géante (18 m de hauteur) d'un saint ascète jaina qui aurait vécu au Xe siècle. C'est tout cela et bien plus encore, un pays d'hommes au teint d'ébène et au sourire éclatant, à la joie omniprésente, à l'accueil chaleureux, à l'image d'une région fertile, miroitante, où le soleil n'écorche pas, où l'on aimerait vivre et prier avec ses habitants, rien que pour se sentir en plein accord avec eux, en complète harmonie avec le ciel et le paysage...

Ci-dessus

Partie d'un mur du temple de Darasurâm, non loin de Tanjavûr (Tanjore), consacré à Shiva et à la monture *(vâhana)* d'Indra, le « roi des dieux », et appelé en conséquence Airavateshvara. Ce temple, construit au XIIe siècle par un roi Chola, fut décoré de peintures au XVIIe siècle.

Ci-contre, un des cinq *râtha* (chars) de Mahâballipuram sur la côte du Coromandel, taillé dans un seul bloc de granit, en forme de hutte-sanctuaire, au VIIe siècle.

Page de droite, les sanctuaires sont souvent érigés sur de hautes plates-formes que gravissent de raides escaliers. Le soubassement du temple de Brihadeshvara à Tanjavûr, construit par les Chola vers l'an mil, est couvert d'inscriptions, tandis que les murs, creusés de profondes niches, abritent d'innombrables statues de divinités représentées dans des poses de danse ou terrassant des démons.

Pages précédentes, les Drâvidiens sont des gens au caractère heureux et toutes les occasions sont bonnes pour eux pour danser, faire de musique et jouer : joie de vivre d'un peuple sain, dur à la peine, vivant en communion avec la nature.

Double page précédente

Dans l'enceinte du temple de Brihadeshvara à Tanjavûr, un petit temple a été élevé au XVIIe siècle en honneur à Subrahmanya, un des fils de Shiva ; et, derrière, d'autres, également tardifs, dédiés à Devî, l'épouse de Shiva, et à Ganesha, un autre fils (à tête d'éléphant) du dieu. Le temple principal, un des plus imposants de l'Inde, était réputé jouir d'une richesse fabuleuse, due en grande partie au commerce fait par les souverains Chola avec l'Asie du Sud-Est.

Ci-dessus et ci-contre, le théâtre du Kathâkali, créé au XVIIe siècle dans l'État du Kerala en Inde du Sud, représente des épisodes tirés des grands poèmes épiques indiens, le *Mahâbhârata* et le *Râmâyana*. Les acteurs sont vêtus de costumes flamboyants, portent d'immenses coiffures et sont grimés de façon particulière, chaque couleur de visage symbolisant un personnage des épopées. L'élaboration de leur maquillage demande parfois plus de six heures de travail. Les représentations se font de nuit, à la lueur des flambeaux, ce qui confère au spectacle une grande intensité dramatique. Gestes du corps et poses, mouvements des doigts et des mains sont codifiés en huit catégories traditionnelles. Tandis que les acteurs (les femmes ne sont pas admises sur scène) évoluent en mimes sur un fond de nuit, des chœurs récitent les passages des épopées dont les moments significatifs sont ponctués de roulements de tambour. Un spectacle peut durer ainsi du crépuscule à l'aube.

Ci-dessus et ci-contre

Dans le pays tamil, les femmes adorent en toutes circonstances se parer de fleurs, et toutes, à quelque condition qu'elles appartiennent, piquent au moins quelques fleurs de jasmin dans leur longue tresse. Les jours de fête ou lors de réceptions ou de cérémonies, les élégantes passent de longues heures à se maquiller et à disposer dans leur coiffure des fleurs assorties, parures éphémères que retiennent parfois des bijoux de grande valeur. Au crépuscule, alors que l'air se rafraîchit, ces tresses ainsi fleuries dégagent un suave parfum qui enchante l'atmosphère et réjouit les yeux.

Ci-dessus

Cette jeune vendeuse de fleurs de lotus offre à la fois son sourire et sa marchandise au client, généralement une personne pieuse qui ira les offrir dans le temple à sa divinité préférée. Car il convient d'offrir des lotus, symboles de pureté divine, au Seigneur divin.

Ci-contre, lorsque le soir descend et que les travaux du jour son terminés, les paysans mènent leurs buffles se désaltérer dans l'eau de la rivière proche, ici dans la Malapahârî près de Pattadakal. C'est en général une tâche réservée aux enfants, qui lavent les animaux à grande eau et jouent avec eux un long moment avant de les conduire pour la nuit dans leur étable.

Pages précédentes

Assis sur les marches du temple de Chennakeshava à Belûr, un brâhmane prêtre de Vishnu semble écouter le son de la flûte de Krishna, avatâra du dieu, comme si celui-ci jouait pour lui seul. Au XIIe siècle, les souverains Hoysala, tout d'abord de foi jaina mais qui se convertirent à l'hindouisme, construisirent de magnifiques temples, à Belûr et Halebîd principalement, qu'ils décorèrent avec un faste grandiose d'effigies de dieux et de jolies femmes *(madanakai)* dans des postures de danse. La stéatite noire, pierre relativement tendre, se prêta remarquablement au ciseau des sculpteurs, qui purent y faire montre d'un talent caractérisé par une extraordinaire virtuosité dans le rendu des détails.

A gauche, le *vimâna* (tour-sanctuaire) du grand temple de Tanjavûr dresse ses soixante-six mètres de hauteur dans le ciel bleu. La pierre sculptée qui le surmonte pèse plus de quatre-vingts tonnes.

Ci-dessus, sur le grand bassin appelé Mariamman Teppakulam, situé aux environs de Madurai et creusé au XVIIe siècle, chaque année, lors de la pleine lune du mois de janvier-février *(mâgha)*, les statues des divinités du grand temple de Mînakshî-Sundareshvara sont transportées dans l'île du milieu du lac, sur des radeaux décorés, pour commémorer la naissance du souverain Nâyaka qui créa cette immense pièce d'eau.

Aucune femme au monde n'aime autant les bijoux que l'Indienne, qui porte ainsi en permanence sur elle sa fortune personnelle, inaliénable au cas où son mari la répudierait. Si les bagues des orteils ne servent que de protection, en revanche colliers, bracelets et pendentifs de toutes sortes, en argent et pièces de monnaie, en ivoire, pierres semi-précieuses ou simples verroteries reflètent le goût local pour les parures. Ce sont principalement les femmes du Râjasthân et du Ladâkh qui arborent les plus compliquées, comme si la pauvreté du sol était compensée par la richesse des vêtements. L'art des bijoutiers indiens est renommé et les bijoux servent souvent de monnaie d'échange. Seules les veuves n'ont pas le droit de porter de bijoux, en signe de deuil. La somptuosité des tissus fait pendant à celle des parures. Si les sârî sont généralement finement brodés, les lourdes jupes évasées portées par certaines femmes du Râjasthân sont décorées de pièces d'argent et de miroirs taillés, parfois de pierreries cousues...

Ci-dessus

La côte du Cochin, bordée de cocotiers et de lagunes, présente un aspect luxuriant qui fait penser aux îles du Pacifique, canaux et bras de mer s'enfonçant profondément à l'intérieur des terres, favorisant la pêche et les activités maritimes.

Ci-contre, les cocotiers étant abondants, un des artisanats majeurs du Cochin est le filage et le tressage des fibres de noix de coco, ouvrages généralement réservés aux jeunes femmes qui font montre d'une prodigieuse dextérité lors de la confection des cordes.

Pages suivantes, visages souriants des jeunes filles, paysages sereins dans le soir qui tombe, monuments grandioses, fêtes spectaculaires, ferveur transparaissant dans tous les actes de la vie indienne, fantômes dérisoires de ces troncs d'arbres inondés lors de la création du lac Periyâr dans l'extrême Sud, visions paradisiaques du Kerala, immensités désertiques du Râjasthân, luxuriance du Bengale ou de l'Orissâ, foisonnement des sculptures des temples ou dépouillement austère des tombes musulmanes, tout témoigne, à quelque heure du jour et quelle que soit la région, de la pérennité de la vie, de l'immanence des dieux, d'une Inde éternelle et majestueuse.

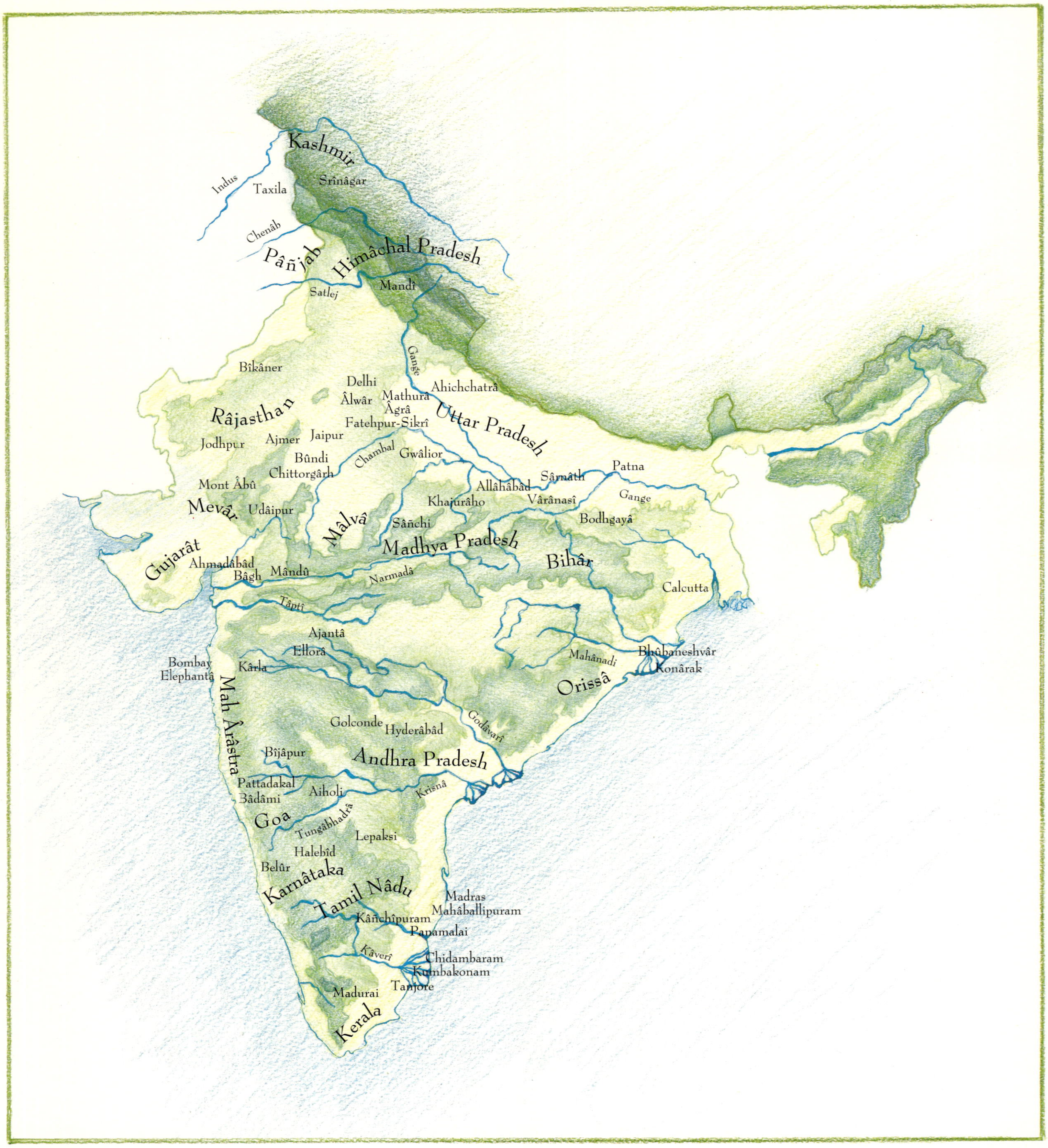

Cette carte de l'Inde est un guide pour les différents circuits que nous vous proposons dans les pages suivantes

ITINÉRAIRES

par Christine COSTE et Jean-Claude KLOTCHKOFF

Belle, majestueuse, mystique, multiple, secrète, les mots ne suffisent pas pour décrire l'Inde. Creuset des grandes religions et de nombreuses civilisations, musée à ciel ouvert, elle attire et fascine sans jamais dévoiler dans l'instant ses mystères. Autant dire d'emblée qu'on ne peut découvrir l'Inde le temps d'un voyage d'agrément, pendant les grandes vacances. Il faut y venir et revenir sans cesse. Tourner, mais aussi séjourner souvent, dans ce pays immense. Véritable sous-continent, l'Inde est grande comme six fois la France et abrite seize fois plus d'habitants parlant plus de... huit cents langues et dialectes. Des montagnes de l'Himâlaya, au nord, jusqu'à l'île de Srî Lankâ, au sud, mais aussi tout au long de la vallée du Gange et sur le plateau du Dekkan, les Indo-européens, les Grecs, les Arabes, les Turcs et les Européens ont laissé d'innombrables vestiges de leur passage : palais, forts, sanctuaires, tombeaux, dont certains – comme le Tâj Mahal d'Agrâ – figurent parmi les merveilles du génie humain.

■ Sur le toit du monde

Avec ses neiges éternelles couvrant les plus hauts sommets du monde, ses lacs d'altitude et ses hauts lieux de la spiritualité hindoue et bouddhique, l'Himâlaya fascine depuis toujours les voyageurs épris d'espaces inviolés. Formant une gigantesque barrière entre l'Inde et la Chine, la chaîne himâlayenne recèle, sur son versant indien, quelques petits paradis, comme le Cachemire, le Jammu, le Ladâkh, l'Himâchal Pradesh et le Sikkim. Il s'agit d'une des quatre grandes régions de l'Inde, qu'on visitera à partir du Cachemire.

Srînâgar, la "Venise" indienne

L'État de Jammu-et-Cachemire, dont l'Inde ne détient que les deux tiers, comprend trois régions dissemblables : le Cachemire, le Jammu et le Ladâkh, surnommé le "petit Tibet". Leurs habitants parlent des langues distinctes et vénèrent des dieux différents. Si, dans sa grande majorité, la population est de confession musulmane, les hindous sont assez nombreux dans la province de Jammu, tandis qu'au Ladâkh ce sont les bouddhistes, adeptes du lamaïsme, qui dominent.

Les empereurs moghols qui venaient passer les mois d'été dans la vallée du Cachemire la qualifiaient de "paradis". Capitale d'été de l'État, Srînâgar, bâtie au bord du lac Dal, n'est qu'harmonie et constitue une base de départ pour découvrir cette admirable province aux îlots d'émeraude enclavés par les Himâlayas. Capitale d'hiver, Jammu, qui au-delà de ses airs de grosse agglomération commerciale, possède l'un des plus grands temples de l'Inde du Nord avec le sanctuaire de Raghunâtha.

Des monastères bouddhiques

Au nord-est du Cachemire, dans les monts Karakorum, le Ladâkh est une autre planète. Son paysage sévère, semi-désertique, fait de roches déchiquetées, est d'une beauté exceptionnelle. Ici, les dimensions ne sont plus les mêmes. L'hiver, le thermomètre descend parfois à -30 °C. Les villages les plus élevés nichent à plus de 4 000 mètres. Et la route reliant Srînâgar à Leh, la capitale du Ladâkh, est la plus haute du monde lorsqu'elle franchit le col de Khardung-La (5 602 mètres). La seule forme de vie provient des vallées où se regroupent les habitants. Les monastères et les petits hameaux dominés par d'immenses parois rocheuses apportent, avec leurs maisons (blanches si les occupants sont bouddhistes, ocres s'ils sont musulmans), quelques touches de couleur.

A voir en particulier : la vallée du fleuve Zanskar, qui abrite de magnifique monastères, accessibles uniquement par des sentiers (compter, pour celui de Karsha, trois heures de marche à partir du village de Tunri, et, pour celui de Phuktal sept heures.

Au pays du riz et des orchidées

A l'autre extrémité de l'Himâlaya, à l'est du Népâl, s'étend le tout petit territoire du Sikkim. Devenu le vingt-deuxième État de l'Union indienne en avril 1975, le Sikkim constitue la région la plus élevée de l'Inde, avec des pics dépassant souvent les 6 000 mètres. S'étendant au creux des vallées himâlayennes, ce petit État riche seulement de 320 000 habitants est une terre qui au printemps dévoile sa plus grande beauté. Une fois la fonte des

Un artisanat riche et diversifié

Héritage inattendu du système des castes, aboli officiellement depuis l'indépendance de l'Inde : l'extraordinaire multiplicité des artisans et des métiers artisanaux, dont beaucoup relèvent d'un savoir-faire ancestral. Dans tous les États de l'Inde, des ateliers perpétuent des traditions séculaires. Les productions indiennes étaient tellement appréciées au temps des anciennes monarchies européennes que nombre de mots venus des Indes sont passés dans le vocabulaire courant. Ainsi en est-il de "calicot" (pièce de coton importée de Calicut), de "madras" (foulards de soie et de coton fabriqués autrefois à Madras) et d'"indienne" (toile de coton imprimée), etc. Ces nombreuses références aux textiles indiens ne sont pas gratuites : l'Inde a longtemps occupé dans le monde une position de monopole pour la production du coton, son tissage et l'art de l'agrémenter avec de la soie, des fils d'or ou d'argent, des impressions ou des broderies. La plus belle référence dans cet art textile reste encore pour l'Inde aujourd'hui les merveilleux sârîs, qui habillent avec tant d'élégance la plupart des femmes indiennes. On en trouve dans tous les bazars de l'Inde, mais plusieurs villes en ont fait une spécialité : Vârânasî, Lucknow et Mubârakpur dans le nord du pays, Bangalore, Chanderi et Maheshvar au centre, Kânchîpuram dans le sud, ainsi que l'État oriental du Manipur.

Toujours dans le domaine du textile, les tapis indiens sont réputés (Cachemire, Jaipur et Bîkâner au Râjasthân, Amritsar au Pañjâb, Bhadoi et Mîrzâpur dans l'Uttar Pradesh, Gwâlior dans le Madhya Pradesh, Darjeeling au nord du Bengale, Warangal et Dhârwar dans le Dekkan, etc.). Mais l'Inde est également une véritable caverne d'Ali Baba pour toute la bijouterie et la joaillerie traditionnelles, qui donèrent tant d'éclat à ses mahârâja.

neiges terminée, une végétation d'une extraordinaire variété envahit les pentes des montagnes du Sikkim.

Au-dessous des solitudes glacées, bambous, fougères, rhododendrons géants, magnolias, yuccas, palmiers, bananiers sauvages, orchidées (six cents espèces) parent la "nouvelle maison" ou le "pays du riz", comme les Tibétains l'appellent. A Gangtok, la capitale, plus de deux cent cinquante variétés d'orchidées peuvent être admirées à l'Orchid Sanctuary. Paradis de la flore, cet État est aussi celui des ours, des sangliers, des oiseaux (plus de cinq cents variétés) et des léopards des neiges (certes peu nombreux).

Mais le Sikkim est surtout l'État où l'on confesse le bouddhisme tibétain ou lamaïsme tel qu'il fut établi vers 770 au Tibet par Padmasambhava. A pied, on peut ainsi atteindre le monastère de Rumtek, à 23 kilomètres de Gangtok, réplique exacte d'un édifice tibétain détruit par les Chinois, qui appartient à la secte des Bonnets jaunes. Plus au nord, le monastère Tashiding et plus à l'ouest on peut rejoindre le monastère de Ralang, de l'ordre des Bonnets rouges. Attention ! Un permis de visite est nécessaire pour visiter le Sikkim.

Darjeeling, jardin d'Eden, en plein Himâlaya

Autre petit paradis himâlayen : Darjeeling, voisine du Sikkim. Elle porte un nom évocateur (monastère du diamant) et doit beaucoup de sa célébrité aux plantations de théiers introduites en 1836 dans cette région du Bengale-Occidental. Mais Darjeeling, c'est avant tout des paysages grandioses et féeriques.

Véritable jardin d'Éden faisant face aux montagnes himâlayennes, Darjeeling étage ses maisons de 1 800 à 2 185 mètres d'altitude. Saisissant constrate que celui de ces monts vallonnés tapissés d'un velours vert face aux solitudes austères et glacées du Tibet. Étonnant relief où la plaine du Bengale et sa capitale Calcutta ne sont plus qu'un lointain souvenir. Le train à partir de Shiliguri (près de l'aéroport de Bagdora) est le meilleur moyen de transport pour découvrir ce paysage.

C'est d'abord la traversée des plantations de théiers étalées au flanc des pentes. Puis, à Kurseong, la masse neigeuse du Kanchenjunga (8 598 mètres), distant seulement de 70 kilomètres, fait son apparition (le meilleur panorama étant du haut de la colline du Tigre, à 11 kilomètres de Darjeeling). Le voyage demande de six à sept heures de train.

Ici pas de foule ni de pollution. Ses populations – népâlaise, lepcha (montagnards venus du Sikkim), tibétaine (bothia) – mènent une vie paisible. Seul le bazar, dans la ville basse, connaît une certaine agitation. Autour d'une grande tasse de chang (boisson alcoolisée à base de pommes de terre bouillies), on commente les nouvelles du jour. Darjeeling est une bonne base de départ pour de longues marches au fil desquelles, paysages à la végétation tropicale, plantations de théiers et rivières se succèdent comme dans un enchantement.

De New Delhi à Calcutta : ■

Au pied de l'Himâlaya, les grandes vallées du Gange, du Brahmapoutre et de leurs affluents forment un immense croissant fertile, qui traverse d'ouest en est les États de l'Haryana (Chandigârh), de l'Uttar Pradesh (Lucknow), du Bihâr (Patna) et du Bengale Occidental (Calcutta).

Le long de ces grandes voies d'eau se sont développées d'immenses métropoles surpeuplées, comme la capitale New Delhi, Vârânasî la ville sainte et Calcutta. C'est là que bat le cœur mystique de l'Inde : tous ces fleuves et en particulier le Gange, "mère de toutes les rivières", étant considérés comme le domaine des dieux et attirant en permance des millions de pèlerins.

Pour beaucoup de voyageurs étrangers, la découverte de cette grande région du nord de l'Inde commence par New Delhi, bâtie au nord d'un des affluents du Gange, la Yamunâ, et dotée d'un grand aéroport international, Palam.

La capitale des grands Moghols

Elles se font face depuis 1931, date de la construction de Connaught Circus, le centre de la ville nouvelle. D'un côté l'ancienne Delhi, avec ses ruelles encombrées et poussiéreuses, deux fois impériale, par la volonté des Grands Moghols à partir du XVIIe siècle puis par celle des Britanniques. De l'autre, la moderne New Delhi aux longues avenues ombragées, largement ouvertes et se coupant à angle droit. A priori, tout les oppose. Pourtant Delhi, l'ancienne capitale, et New Delhi, la nouvelle, ne font qu'une. Et leurs deux visages résument merveilleusement l'Inde millénaire et celle du XXe siècle.

C'est par la grâce de Shâh Jâhan, le créateur de ce rêve blanc qu'est le Tâj Mahal (à Agrâ), que Delhi aux sept cités devint en 1638 capitale de l'Empire moghol, à la place d'Agrâ dont la chaleur était plus difficilement supportable l'été. En bordure de la Yamunâ fut alors construit un palais des Mille et Une Nuits, le fort Rouge, dont la somptuosité n'avait pas d'égale dans cette partie du monde. Parce qu'il y faisait moins chaud qu'à Calcutta et que la mousson y était moins violente, les Britanniques devaient en 1912, à leur tour, l'élever au rang de capitale de l'Empire des Indes.

Mais, au fur et à mesure que les années passaient, la ville s'engorgeait. Et les Anglais commencèrent à rêver d'une ville résidentielle, agréable à vivre et regroupant en un seul endroit toute leur administration. C'est ainsi que naquit, en janvier 1931, New Delhi, d'après les plans de deux architectes anglais, Edward Lutyens et Herbert Baker, qui y avaient construit le centre administratif, le Râshtrapati Bhavan, en 1929.

Au-delà de son expansion anarchique, New Delhi demeure paradoxalement une ville de monuments et de ruines historiques pour la plupart datant du Moyen Age musulman. Au détour d'un gratte-ciel de verre et d'acier, des tombes médiévales surgissent, amenant le passant à remonter l'histoire de la ville. S'allongeant au sud des vieux remparts, New Delhi a le charme tranquille et de bon aloi des cités bien rangées. De grands jardins bordés de bougainvillées et de frangipaniers entourent de spacieuses demeures aux façades néoclassiques, d'anciennes maisons coloniales et nombre d'ambassades aux architectures parfois étranges. Devant les lourdes grilles protégeant les imposants bâtiments administratifs, de vastes pelouses à l'anglaise, méticuleusement entretenues, rappellent que New Delhi fut imaginée comme une cité de jardins.

L'ancienne Delhi, quant à elle, attire et fascine. Bien que ville de tradition hindoue, la Yamunâ, fleuve sacré, affluent du Gange, n'est pas ici honorée avec autant de faste. Sur ses rives, pas de gâth ni de temples. En revanche, une multitude de mausolées nimbés d'une envoûtante mélancolie. Dès l'aube, l'animation et le grouillement de la ville vous emportent au hasard des rues. A la tombée du jour, les temples de Chandni Chowk, parés de guirlandes, scintillent ; le muezzin appelle à la prière du haut du minaret de la Jamâ Masjid – la plus grande mosquée de l'Inde –, et la foule y est dense.

Un superbe poème de marbre

Avant Delhi, deux autres villes toutes proches avaient été choisies par les Grands Moghols pour en faire des capitales impériales : Agrâ et Fatehpur Sikrî, qui conservent aujourd'hui de purs joyaux de l'architecture musulmane. En aval de Delhi, sur la Yamunâ, Agrâ recèle trop de trésors pour être oubliée par les circuits touristiques. Elle possède en effet l'un des édifices les plus célèbres au monde : le Tâj Mahal. Cet immense mausolée à coupole, entièrement construit en marbre blanc incrusté de jaspe, d'agate et de lapis-lazuli, fut érigé au XVIIe siècle par l'empereur moghol Shâh Jâhan, en souvenir de son épouse préférée Mumtâz Mahall. Véritable poème d'amour en marbre, il est précédé de jardins et de bassins dans lesquels il se mire, pour la plus grande joie des photographes. D'autres monuments prestigieux font d'Agrâ et de sa région une étape obligée, comme les mausolées d'Itimâd ud-Daulâ (XVIIe s.) et de l'empereur moghol Akbar (XVIIe s.), ce dernier situé à Sikandâra, au sud d'Agrâ, tout en grès rouge et marbre blanc.

Non loin d'Agrâ, la ville morte de Fatehpur Sikrî fut également capitale impériale, à l'époque d'Akbar (1554-1605). Elle conserve des palais et édifices impressionnants, avec d'immenses écuries, des mosquées, des maisons dont l'architecture est un heureux compromis entre l'art islâmique et l'art hindou.

Un peu au sud d'Agrâ, la ville de Gwâlior (Madhya Pradesh) offre un bel exemple d'architecture défensive hindoue du XVe siècle, avec ses hauts remparts à tourelles dotées de clochetons. On y verra également de gigantesques statues des prophètes jaïna, taillés dans le roc, au XVe siècle. Au nord d'Agrâ, Mathurâ, au bord de la Yamunâ, est une ville sainte à la fois pour les jaïna et pour les bouddhistes. Sur le plan de la sculpture, elle connut son heure de gloire au IIe siècle de notre ère, au temps de Kanishka l'empereur des Kushâna .

A cette époque, l'école de Mathurâ, particulièrement prolifique, orna de sculptures de grès rouge d'innombrables sanctuaires – à Mathurâ, Jamâlpur, Katra, Guha, Bhutesar, Kankali Tila et Mât – dont il ne reste aujourd'hui que des vestiges. Cette production artistique, s'épanouira à l'époque gupta (IVe-VIe s. de notre ère) pour constituer la phase classique de l'art indien.

Le Temple d'or et le lac d'Immortalité

Frontalier du Pakistan et s'étendant au pied de l'Himâlaya, le Pañjâb, tout au nord de l'Inde, mérite un détour. Les Grecs avaient donné à ce territoire le nom de Pentapotamie en raison des cinq fleuves qui le traversaient, l'Indus, la Beas, la Satlej, la Ravî et la Chenâb. Les Indiens le baptisèrent plus tard Pañch Âb (cinq eaux), nom qui devait être conservé. Lorsque, le 15 août 1947, intervint l'indépendance de l'Inde, une grande partie du territoire du Pañjâb revint au nouvel État du Pakistan. En 1966, la partie indienne fut divisée en trois États : le Pañjâb, l'Haryana et l'Himâchal Pradesh.

Entre les montagnes infranchissables de l'Himâlaya au nord et le désert de Thar au sud, le Pañjâb étire des paysages parfois monotones. Plus riche en faits historiques qu'en monuments, cet État possède néanmoins l'un des plus beaux sanctuaires du pays avec le Temple d'or d'Amritsar. Construit au XVIe siècle, ce magnifique édifice, le Har Mandir, qui se mire dans le "lac d'Immortalité", est le grand centre spirituel de la secte des sikhs.

L'architecture moderne est aussi à l'honneur au Pañjâb, cet État présentant une des plus impressionnantes réalisations urbanistiques de notre temps avec la ville de Chandigârh, entièrement conçue en 1951 par Le Corbusier, assisté de son cousin Pierre Jeanneret et des Britanniques Maxwell Fry et Jane Drew.

Dans la "ville rose"

Avant de descendre le cours du Gange vers l'est, un petit circuit s'impose à l'ouest de New Delhi pour découvrir le Râjasthân, État frontalier du Pakistan. Une des meilleures bases de départ pour sillonner cet État est sa capitale Jaipur, la "ville rose". Construite au début du XVIIIe siècle par le mahâradja Jai Singh II, la ville possède de beaux édifices, dont le splendide palais des Vents, tout en grès rouge (XVIIIe s.) et un observatoire astronomique du XVIIIe siècle. Dans les environs de Jaipur, plusieurs curiosités sont dignes d'attention : les palais-forteresses d'Âlwâr et d'Ajmer, ainsi que le palais princier de Bûndî. Veillant comme des sentinelles dans le désert de Thar (Mârusthali), les vieilles citadelles de Bîkâner et de Chittorgârh sont entrées dans la légende. Tout au sud du Râjasthân, la ville d'Udâipur est une étape de charme à ne pas manquer. On y verra le splendide palais du Mahârânâ et on résidera dans l'étonnant hôtel-palais construit par lui sur une île au milieu du lac Pichola.

Au fil du fleuve sacré : le Gange

Coulant sur 2 700 kilomètres depuis l'Himâlaya au nord-ouest jusqu'au golfe du Bengale à l'est, le Gange est le fleuve sacré par excellence pour les hindous. Selon la légende, il aurait été créé par la déesse Gangâ, qui est également le symbole de la voie lactée. Tout au long de son cours s'élèvent temples, âshrams et villes saintes, dont la plus importante est Bénarès (Vârânasî), avec ses quelque 1 500 temples. C'est surtout à Vârânasî que se rassemblent les croyants, qui descendent les berges aménagées en escaliers (ghât) pour aller se purifier dans l'eau du fleuve sacré. Ici affluent en permanence des millions de pèlerins, dont beaucoup sont des malades ou des vieillards arrivés au terme de leur existence qui veulent mourir à Vârânasî, car, selon une croyance hindoue, le salut de l'âme passe par l'incinération du corps à Vârânasî et la dispersion des cendres dans le fleuve.

En amont de Vârânasî, Kânpur, ville industrielle et universitaire, s'est développée sur la rive droite du Gange. Au nord de Kânpur, Lucknow (Lakhnaû), capitale de l'État d'Uttar Pradesh, au bord de la Gumtî,

On continue à travailler les pierres précieuses à Vârânasî, mais aussi dans le Râjasthân (Jaipur) et dans le Gujarât (Ahmadâbâd). Plus à la portée du grand public, les bijoux en métaux précieux – or et surtout argent – sont fabriqués dans toute l'Inde, particulièrement à Delhi, ainsi qu'au Cachemire, dans l'Himâchal Pradesh, au Râjasthân, dans l'Andhra Pradesh et dans l'Orissâ (filigranes d'argent de Cuttack). A Agrâ, dans l'ancienne capitale des grands Moghols, on perpétue la tradition des marqueteries de marbre. Ici, un simple motif incrusté peut comprendre jusqu'à une quarantaine de pierres semi-précieuses. Cette technique de la marqueterie s'applique également au bois (santal parfumé, teck, bois de rose), dans lequel on incruste de l'ivoire pour en faire des panneaux décoratifs, des boîtes (Karnâtaka), et des tables (Pañjâb). A Patna (Bihâr), cet artisanat très ancien se traduit par l'incrustation dans le bois d'une grande variété de matériaux : ivoire, corne, copeaux de bois, graines colorées, etc. Cette technique lorsqu'elle s'applique au métal, la bîdrî, est toujours pratiquée par nombre d'artisans, notamment dans le Karnâtaka, à Bîdar.

Sans songer à épuiser le sujet, il faut encore évoquer la peinture sur verre à sujets religieux (Tamil Nâdu), les peintures traditionnelles du Bihâr, du Râjasthân, et de l'Orissâ, la poterie de Delhi et de Jaunpur, la vannerie de roseaux et de bambous de l'Assam et du Manipur. Sans oublier l'orfèvrerie (plats en cuivre repoussé de l'Uttar Pradesh, plats de laiton incrustés de cuivre et d'argent du Tamil Nâdu, etc.) et la sculpture (bronzes du Madhya Pradesh, ivoires de l'Uttar Pradesh et du Râjasthân, répliques modernes des sculptures des temples de Konârak par les artisans de l'Orissâ, statuettes de divinités en bois ou en métal du Tamil Nâdu et du Kerala).

est également un grand centre industriel et culturel, qui a su conserver ses vieux quartiers du centre-ville, dominés par le fort, la mosquée et les grands édifices construits par le Nawâb Âsaf ud-Daulâ, à la fin du XVIIIe siècle, avec l'aide d'un architecte français, Claude Martin.

Toujours en amont de Vârânasî, Allâhâbâd s'est développée au confluent du Gange et de la Yamunâ. Fondée par le grand empereur moghol Akbar au XVIe siècle, c'est surtout maintenant un grand centre de pèlerinage hindou. De l'époque d'Akbar, elle a conservé plusieurs monuments, dont un fort où fut érigée une colonne de grès portant gravés des édits de l'empereur maurya Ashoka (IIIe s. av. J.-C.).

En aval de Vârânasî, au bord du Gange, Patna, avant d'être la capitale actuelle, de l'État du Bihâr, fut celle de l'empire maurya au IVe siècle av. J.-C., sous le nom de Pâtaliputra. La ville est célèbre pour sa très riche bibliothèque orientale, qui abrite de nombreux manuscrits et miniatures de la civilisation arabo-persane. Au sud de Patna on visitera Bodh-Gayâ, sanctuaire particulièrement vénéré par les bouddhistes, car c'est ici, à l'ombre d'un figuier, que Siddhârtha-Gautama, le futur "Éveillé" (le Bouddha) eut la révélation de sa doctrine au VIe siècle avant notre ère.

Calcutta

Calcutta n'est pas une ville très ancienne. Elle doit sa création, en 1690, à Job Charnock, chef d'un comptoir de la Compagnie des Indes orientales, sur les rives de l'Hûghlî. Cherchant de nouveaux sites pour ses comptoirs, son choix se porta sur un ensemble de trois villages, Kâlikatâ, Govindapur et Sutanati, situés sur des terres marécageuses au bord d'un bras du delta du Gange.

Calcutta devint ainsi le siège de l'administration britannique des Indes. La population, qui ne comptait au début du XVIIIe siècle que quelques centaines d'habitants, dépassait, en 1773 la centaine de mille. Mais le transfert de la capitale de l'Inde britannique à Delhi, en 1911, marqua le début du déclin de la cité. Au moment de l'accession à l'indépendance de l'Empire des Indes et de son éclatement, en 1947, Calcutta vit affluer des millions de réfugiés du Pakistan-Oriental, son tout nouveau voisin (ex-Bengale-Oriental, créé après la décision du vice-roi, lord Curzon, de scinder en 1905 le Bengale en deux provinces). En 1971, elle reçut à nouveaux plusieurs millions de réfugiés, fuyant la guerre civile qui préludait à la formation du Bangladesh.

La ville de Calcutta a été construite autour du fort William. A l'est du fort s'étend un vaste parc, le Maidan, abritant les statues de personnalités britanniques et locales ainsi, qu'un mémorial à la reine Victoria, tout en marbre blanc. Bordant le Maidan, Chowringhee (jadis sentier de jungle conduisant au temple de Kâlî), est le cœur de la ville. Un centre débordant qui ne doit pas faire oublier que Calcutta possède de majestueux palais et monuments comme celui de Chorebagan (le jardin des voleurs), le Writer's Building, siège du gouvernement du Bengale-Occidental. Au sud de Calcutta, s'étendent les quartiers bourgeois avec leurs luxueuses résidences.

On pourra commencer la visite de la ville par Dalhousie Square et ses bâtiments de style victorien. Les rues adjacentes à cette place forment le centre des affaires de Calcutta. Près de Government Place s'élève la colonne dédiée au général Ochterlony en 1828, au pied de laquelle, le dimanche, se rassemble une foule de badauds venus admirer les fakirs et les charmeurs de serpents. A quelques centaines de mètres de là, vous plongerez dans l'atmosphère feutrée de l'Indian Museum

Entre la Rabindra Sarani et Chittaranjan Avenue s'étaient les bazars de Calcutta. En octobre, à l'occasion de la fête de Durgâ, les abords du temple de Kâlî accueillent pendant quatre jours des milliers de pèlerins qui, le soir du quatrième jour, confieront aux eaux de la Hûghlî des statuettes des divinités parées de guirlandes de fleurs.

Connaught Circus ou la comédie humaine

New Delhi, c'est aussi une ville de marchés. Connaught Circus est certainement le plus étonnant d'entre eux. Lieu de transit entre l'ancien et le nouveau monde, cette place circulaire entourée de deux rangées de bâtiments de style colonial – dont les arcades abritent une multitude de vendeurs à la sauvette – sert de point de rendez-vous ou d'ancrage à une faune bigarrée, attirée à toute heure du jour et de la nuit par une large palette de restaurants, boîtes de nuit, magasins et bureaux. Humbles paysans, colporteurs, badauds, ouvriers, mendiants, dames en sârî de soie, fonctionnaires désœuvrés s'y côtoient. Ce temple du négoce moderne à l'indienne est un fabuleux résumé haut en couleur d'une société extrêmement hiérarchisée.

Des monts Vindhya au plateau du Dekkan : ■

En quittant les grandes plaines fluviales du Gange et du Brahmapoutre, on accède aux hautes terre du centre de l'Inde péninsulaire : les monts Vindhya et l'immense plateau du Dekkan, bordé à l'ouest et à l'est par les chaînes des Ghât orientaux et Ghât occidentaux. Plusieurs États occupent le centre de l'Inde : le Gujarât (Ahmadâbâd), le Madhya Pradesh (Bhopal), l'Orissâ (Bhûbaneshwar), le Mahârâshtra (Bombay), l'Andhra Pradesh (Hyderâbâd) et le Karnâtaka (Bangalore). Ses hauts reliefs ont longtemps protégé le centre de l'Inde des envahisseurs venus du nord-ouest (Indo-européens, Arabes, Afghâns, Turcs, Mongols, etc.), si bien que cette grande région fut toujours un bastion du conservatisme, où les traditions du monde hindou, sur les plans social (castes) et religieux, sont le plus rigoureusement respectées.

En prenant Bombay comme point de départ pour visiter cette Inde centrale, on trouvera sur son chemin de nombreux édifices et vestiges archéologiques du plus haut intérêt artistique et historique.

Bombay, l'Inde avec une touche très "british"

Fascinante mégalopole née de la révolution industrielle, bastion de l'entreprise privée en Inde, centre de production cinématographique le plus important du pays, Bombay la débordante, l'affairée, l'hollywoodienne, fourmille d'une fébrile activité. Située sur la très belle côte ouest de l'Inde, elle est la porte d'entrée pour de nombreux visiteurs, qui y recueilleront leurs premières impressions dès leur descente d'avion, à l'aéroport international de Sahar.

Elle paraît bien loin l'époque où Bombay n'était qu'un obscur ensemble de sept îles perdues au milieu de marais aux eaux saumâtres. Colaba, Mahim, Mazgaon, Parel, Worli, Girgaum et Dongri ne sont plus que des noms de quartiers. Les marais furent asséchés à partir du XVIIIe siècle, et l'on combla de grandes aires prises sur la mer. A présent, la capitale de l'État du Mahârâshtra s'avance sur 22 kilomètres dans la mer d'Oman au sud, à l'ouest et à l'est. Et elle paraît bien exiguë pour contenir ses 9 millions d'habitants, sans compter les 3 millions de personnes qui y déferlent pour travailler ou conclure des affaires.

Une frénésie qui ne se déroule pas moins dans une atmosphère détendue. Le soir, leur journée de travail achevée, les citoyens de Bombay déambulent dans les jardins ou sur le front de mer et font la queue devant les cinémas et les théâtres. D'autres préfèrent les plages de Juhu, Versova, Madh Island, Marve, Manori et Gorai, en dehors du centre-ville.

Bombay est une mosaïque de peuples. Toutes les croyances, toutes les cultures de l'Inde y sont représentées. Dans les écoles, les cours sont dispensés en au moins dix langues différentes, dont l'anglais. La communauté chrétienne y est encore importante. Malheureusement, il reste peu d'églises de style portugais (elles ont été pour la plupart détruites lors de la récente modernisation de la ville).

L'héritage anglais réside lui aussi dans les églises datant du XIXe siècle. C'est à cette époque que fut bâtie la School of Arts, l'école des Beaux-Arts où naquit l'écrivain et prix Nobel Rudyard Kipling (*Kim* et *Le Livre de la jungle*) : son père en était le directeur. La gare Victoria, le Municipal Corporation Building, le Western Railway Central et le Prince of Wales Museum constituent de beaux exemples de l'architecture néogothique victorienne.

Mais on ne peut quitter Bombay sans aller admirer la Trimûrti de l'île d'Elephantâ, dans la rade de Bombay. Cette île, à environ une heure de bateau de Bombay, abrite des grottes dont l'une, consacrée à Shiva, est avec ses sculptures l'une des gloires de l'art indien.

Les temples troglodytiques du Mahârâshtra

De Bombay, on commencera par rayonner dans le Mahârâshtra, qui compte quelques merveilles architecturales. Ainsi, en prenant la route du nord-est, on gagnera les contreforts des ghât, qui recèlent de grands ensembles de sanctuaires creusés dans le roc : les grottes d'Ajantâ et celles d'Ellorâ. Les premières, au nombre de vingt-neuf, sont des sanctuaires bouddhiques comprenant à la fois des temples et des monastères.

Creusées et sculptées entre le IIe siècle avant et le Ve siècle après J.-C., elles sont dotées de voûtes en berceau soutenues par des piliers et sont taillées dans le roc à l'imitation de structures en bois. La plupart de ces grottes sont ornées de peintures typiques de l'art gupta, représentant des épisodes des différentes incarnations du Bouddha (voir en particulier la fresque du "Beau bodhisattva"). Certaines abritent de grandes statues du Bouddha, notamment un célèbre "Bouddha couché".

Les grottes d'Ellorâ, toutes proches, ne sont pas moins intéressantes.On en compte trente-quatre, creusées entre le Ve et le Xe siècle de notre ère, qui sont consacrées aux cultes bouddhique, brâhmanique et jaïna. On admirera en particulier le Kailâsanâtha, temple du VIIIe siècle représentant le Kailâsa, la "montagne d'argent", qui est le paradis de Shiva (dans l'Himâlaya), et entièrement taillé dans la falaise, en un seul bloc.

Au sud de Bombay, dans les Ghât occidentaux, Poona (Pûne) fut dans le passé la capitale du royaume musulman d'Ahmadnâgar, au XVIIe siècle, et de l'empire hindou des Marâtha, au XVIIIe. De cette dernière époque elle a conservé un superbe temple à coupole d'or dédié à la déesse Pârvatî. C'est aujourd'hui un centre industriel très actif de plus de 1 million d'habitants, réputé pour ses laboratoires de recherche.

Beaucoup plus loin, dans l'État d'Andhra Pradesh, au sud-est du Mahârâshtra, l'antique Amarâvatî fut la capitale de l'empire des Ândhra du Ier siècle avant au IIIe siècle après J.-C. Elle a conservé les vestiges de beaux stûpa bouddhiques, dont l'architecture et les sculptures typiques ont inauguré un style particulier qui porte le nom d'école d'Amarâvatî. Plusieurs sites voisins appartiennent à la même école : Goli, Jaggayyapeta et Nâgârjunakonda.

Le temple du soleil et l'"Art amoureux" des Indes

Bien qu'il soit situé tout à fait à l'ouest de l'Inde et s'ouvre sur la mer d'Oman, l'État du Gujarât fait quand même partie de la grande région centrale de l'Inde. Il est célèbre pour ses temples jaïna, qu'on pourra voir aussi bien dans la capitale Ahmadâbâd que dans la péninsule du Kâthiâwar, où la colline de Satrunjaya – près de Palitana – comprend un ensemble de 863 édifices, ou encore dans le mont de Junagadh. En bord de mer, la petite île de Diu a conservé le charme des anciens comptoirs portugais.

Prolongeant le Gujarât vers l'est, l'État du Madhya Pradesh est également très riche en édifices. Tout à côté de la capitale Bhopal (palais) se trouve l'ancien centre bouddhique de Sânchî (IIIe s. av. au IIe s. apr. J.-C.). Il comprend en particulier trois grands tumuli (stûpa) entourés d'une clôture de pierre sculptée dont les bas-reliefs font partie des chefs-d'œuvre de l'art indien ancien. Très différents sont les thèmes d'inspiration des temples de Khajurâho, tout au nord du Madhya Pradesh. Construits au Xe et XIe siècles de notre ère, ils ont fait connaître dans le monde entier l'"art amoureux" des Indes. Les frises et bas-reliefs représentent en effet des divinités hindoues dans toutes sortes de postures érotiques que le talent de l'artiste a réussi à rendre gracieuses, en les sublimant.

Plus à l'est encore, l'Orissâ s'ouvre largement sur le golfe du Bengale. On pourra y concilier les joies du farniente et celles de la découverte culturelle. En effet, à côté de la belle plage de Puri (temple de Jagannâtha) se trouve le superbe temple du soleil de Konârak. Ce sanctuaire hindou est surtout connu pour les monumentales roues de pierre de son char solaire ciselées comme des pièces d'orfèvrerie. Consacré à Sûrya, le dieu du Soleil, il fut bâti au XIIIe siècle et comprend des bas-reliefs remarquables représentant des éléphants, des chevaux, des danseuses et des musiciennes, d'une facture remarquable. Une étape s'impose dans la capitale toute proche de Bhûbaneshvar, qui possède également de très beaux temples riches en sculptures et des bassins sacrés.

Goa, un cocktail indo-portugais

Au sud de Bombay, le port de Goa est une petite enclave de style portugais au nord de l'État du Karnâtaka. L'atmosphère de Goa a la douceur nonchalante des édens lointains. Celle qui fut un temps la rivale de Venise est un étrange cocktail indo-portugais. Réputée pour ses plages de sable pâle alanguies sous les cocoteraies, l'ancienne capitale de l'empire colonial portugais a gardé les traces de quatre siècles et demi de tutelle lusitanienne.

La catholique Goa, bien qu'arrachée en 1961 à Salazar par le pandit Nehru, étale toujours avec fierté ses chapelles immaculées aux styles baroque et gothique et ses maisons aux couleurs pastel, jaune, vert ou rose. La petite ville de Panaji (ex-Nova Goa, elle-même ex-Panjim) sur l'estuaire de la Mandovî, recèle de petits trésors de ce type.

Une musique immuable et raffinée

Dans les années soixante, la grande curiosité que suscitèrent l'Inde et la spiritualité hindoue auprès des jeunes Occidentaux fit découvrir la musique indienne aux grands pays industrialisés. C'est l'époque où des joueurs de jazz (Coltrane), de rock (les Beatles) mais aussi des compositeurs classiques (Messiaen) s'enthousiasmèrent pour cette musique orientale venue du fond des âges et s'en inspirèrent dans leurs œuvres. Mais surtout, c'est l'époque où les premiers grands musiciens indiens firent le voyage en Occident pour montrer leur art dans sa pureté originelle. Le plus grand d'entre eux, Ravi Shankar (né à Vârânasî en 1920), connut aussitôt une notoriété internationale sans précédent. Jouant du sitâr (sorte de luth) et accompagné par des joueurs de tabla (petits tambours), il initia un public très large à la beauté des râga, modes musicaux particulièrement complexes et mélodieux. Pour les Occidentaux, ce fut la découverte d'une musique radicalement différente de la leur. Au lieu de chercher la nouveauté à tout prix et à créer des écoles ou des mouvements artistiques inédits, le musicien indien joue une musique qui n'a pas changé de façon fondamentale... depuis des siècles ! C'est avant tout un virtuose, qui cherche non pas à composer une musique nouvelle mais à improviser sur des thèmes définis. Essentiellement religieuse, voire mystique, la musique indienne ne vise pas à divertir son public : il s'agit de le faire communier dans une même méditation hautement spiritualisée, la musique indienne étant considérée comme d'origine divine : les trois dieux Brahmâ, Vishnu et Shiva étaient musiciens, et ce sont eux qui auraient transmis leur art aux hommes. On a coutume de distinguer deux grandes tendances dans la musique indienne : celle du Nord, influencée par l'islâm ; et celle du Sud, plus spécifiquement indienne, appelée "musique Carnatique" (du Karnâtaka).

Escapade aux îles Laquedives et Andaman

Au large de la côte de Malabar, en pleine mer d'Oman, les îles indiennes des Laquedives ne jouissent pas encore auprès des amateurs de farniente et de loisirs balnéaires de la notoriété des Maldives, qu'elles prolongent vers le nord. Pourtant, leurs belles plages sont baignées par des eaux chaudes et poissonneuses qui devraient séduire les plaisanciers et les amateurs de plongée sous-marine. Mais ces îles ne disposent que de faibles moyens d'hébergement et sont accessibles seulement par bateau, à partir du port de Cochin. De l'autre côté de la péninsule indienne dans le golfe du Bengale, les îles Andaman devraient également devenir à terme de petits paradis touristiques. Mieux équipées que les Laquedives, elles sont accessibles par avion depuis Calcutta ou Madras.

A 10 kilomètres par la route de Ponda et de Dharwar, Velha Goa mérite également le détour. Celle qui fut l'ancienne capitale du vice-royaume portugais des Indes n'est plus aujourd'hui qu'une cité morte, envahie par une végétation exubérante d'où émergent superbes et intactes, la basilique de Bom Jesus, les églises de Sainte-Catherine et de Saint-François-d'Assise.

"Nul besoin de visiter Lisbonne pour celui qui a vu Goa", disait-on au XVIe siècle.

Coin de paradis tout en jardins fleuris, en rizières scintillantes, en jungle épaisse, l'enclave de Goa envoûte. Les conversions brutales au christianisme ont balayé sur le littoral les temples hindous. On peut néanmoins en visiter dans les régions montagneuses de l'intérieur. Le Mangesh Temple, par exemple, dédié au dieu Shiva au XVIe siècle est une synthèse remarquable des styles marâtha, chrétien et musulman.

Les plages de sable d'or bordées de cocotiers et de palmiers à Calangute où plane encore le souvenir de l'abbé Faria, offrent les plaisirs les plus variés. Pour les solitaires, il y a la beauté sauvage de la côte du Sud. Pour les collectionneurs de coquillages, Siridao est un rêve. Le sable gris de Colva, pour sa part, inspire toujours de nos jours de délicieuses légendes.

Mais méfiez-vous de Goa la paisible. Son cœur s'enflamme dès l'approche du carnaval qui précède le carême (mi-mars). Sous la houlette de Momo, le roi des Enfers, la population parée de mille et une couleurs s'enivre, danse pendant trois jours et trois nuits. Rio n'est pas si loin.

Une statue colossale au sommet de la colline

S'ouvrant sur la mer d'Oman par la côte de Malabar, l'État du Karnâtaka s'étend sur les hautes terres de l'Inde centrale (plateau du Dekkan et chaîne des ghât occidentaux). Sa capitale Bangalore – dont on visitera la forteresse et les jardins du Lâl Bâgh – est un excellent point de départ pour découvrir toutes les curiosités de l'État. A commencer par les palais et les temples de Mysore (Maisûr), au sud. Sur la route entre Bangalore et Mysore, on visitera la grande forteresse de Srîrangapatnam et plusieurs temples remarquables à Belûr, Halebîd et Somnâthpur. Sans oublier l'extraordinaire sanctuaire jaïna de Sravana Belgola où, sur le sommet d'une colline, fut sculptée dans le granite la statue colossale (18 mètres) du saint Gomateshvara. Lors des grands pèlerinages jaïna, des échafaudages sont montés jusqu'à la tête de la statue, qui permettent de l'asperger d'huile mélangée à de la poudre de vermillon, à du lait, du miel et à des fleurs.

Au nord du Karnâtaka, la petite ville de Bîjâpur (mausolée Gol Gumbad, mosquées) se trouve au centre d'une région qui possède quelques sanctuaires hindous remarquables, remontant à la dynastie des Châlukya (VIe - VIIIe s. de notre ère). En particulier les temples et les grottes de leur ancienne capitale Bâdâmi – au sud de Bîjâpur – dédiés à Shiva et à Vishnu, ornés de sculptures et de peintures, ainsi que les temples d'Aihole et de Pattadakal, plus difficiles d'accès.

Dans l'État d'Andhra Pradesh, qui prolonge le Karnâtaka vers l'est et s'ouvre sur la côte de Coromandel, la capitale Hyderâbâd, grand centre industriel du Dekkan, fut longtemps le siège d'une importante école de miniaturistes et un marché réputé pour ses tailleurs de diamants. Marquée par l'islâm, elle a conservé notamment une porte imposante flanquée de quatre minarets : le Char-minar (fin XVIe siècle), situé au centre de la vieille ville. Autres édifices remarquables : le musée Salar Jang, le Chaumahalla et les grandes mosquées Juma Masjid (fin XVIe) et Mecca Masjid, du XVIIe siècle. Près d'Hyderâbâd se trouvent les vestiges de la légendaire Golconde – une des grandes métropoles du sultânat musulman des Qutb Shâhî –, célèbre pour ses trésors.

Les côtes de Malabar et de Coromandel : ■

La côte des Catamarans

Depuis plus de 2 000 ans, le long de la côte de Coromandel – qui s'étend de Puri jusqu'à la pointe du cap Comorin sur plus de 2 500 kilomètres du golfe du Bengale –, des générations de pêcheurs partent à bord de leur kattu-maram. Ce bateau fabriqué simplement par assemblage de poutres solidement attachées les unes aux autres et constitué d'une large voile ocre (parfois blanche) est l'ancêtre des géants multicolores ultramodernes qui s'alignent au départ des grandes régates.
Selon la pêche pratiquée, le nombre de madriers varie en fonction des journées passées en mer. Facile à construire et particulièrement robuste, le kattu-maram (des deux mots tamils, kattu et maram qui signifient "troncs attachés") n'en a pas moins une durée de vie réduite à quelques années : cinq ans pour un bateau qui prendrait la mer tous les jours.

Le sud de l'Inde et ses ports de commerce portent des noms très évocateurs pour la plupart des Européens. Sur la côte de Malabar, Calicut, Cochin et Trivandrum rappellent les premières implantations portugaises après l'ouverture de la fameuse voie maritime des Indes par Vasco de Gama, en 1498. Quant à la côte de Coromandel, à l'est, avec ses anciens comptoirs de Kârikal, Pondichéry et Madras, elle garde les traces de la grande rivalité maritime et commerciale qui opposa la France, la Hollande et l'Angleterre. Deux États se partagent aujourd'hui le sud de la péninsule indienne : le Kerala et le Tamil Nâdu, terre des Tamils, descendants d'anciens habitants de l'Inde, les Drâvidiens, grands prosélytes de l'hindouisme.

Des petits ports qui fleurent bon la cannelle et le gingembre

Terre à la végétation luxuriante et aux longues plages s'étirant à l'infini, le Kerala – l'une des plus belles régions de l'Inde – offre avec ses multiples petits ports, la vision d'un paradis terrestre. Sur cette côte dite de Malabar, les rues du plus petit village fleurent délicatement le gingembre, la cannelle ou la cardamome, suivant la saison des récoltes. Avec leurs lagons et leurs canaux, certaines de ses villes comme Cochin maintenant appelée Kuchi-bandar ont des allures romantiques de Venise orientale.

Dans l'église de Cochin dédiée à Saint-François, le sépulture du navigateur portugais Vasco de Gama rappelle que c'est au Kerala que le christianisme fut pour la première fois introduit en Inde.

Le Kerala recèle plus de trésors naturels et humains que de fabuleux sanctuaires. La visite des temples y est d'ailleurs généralement interdite aux touristes. L'architecture de bois et plus particulièrement les innombrables sculptures en bois, dont le Kerala s'est fait la spécialité, s'affichent à l'extérieur comme à l'intérieur des palais dont la plupart sont ouverts au public.

A Cochin, le "palais hollandais" – en réalité construit par les Portugais vers 1555 puis remanié un siècle plus tard par les Hollandais – renferme toujours de très belles peintures murales et des boiseries ouvragées de l'époque. A Trivandrum, dont la résidence des Râja est remarquable – le palais de Padmanâbhapuram – on peut admirer un large éventail des chefs-d'œuvre des arts plastiques typiques du

Kerala et plus particulièrement des peintures murales datant des XIVᵉ au XVIIIᵉ siècles.

Jaloux de ses traditions, soucieux de préserver son héritage culturel, le Kerala continue par ailleurs à perpétuer des arts pour la plupart oubliés. Dans la région de Pâlghât, le théatre d'ombres (tholpavakûthu) est un mode d'expression très ancien qu'ici, on entretient avec dévotion. Dans certains temples, on continue de jouer les pièces du kûtigattam, le plus ancien théâtre classique sanskrit de l'Inde d'aujourd'hui, et qui donna naissance au théâtre du Kathâkali moderne.

En pays tamil, les grands temples de la foi hindoue

Les sanctuaires du Tamil Nâdu – ou pays des Tamil – sont au cœur des villes de cet État du sud-est de l'Inde. Ils constituent leur âme et représentent même parfois de véritables cités dans la cité. La visite des temples du Tamil Nâdu peut commencer par ceux de Madras, la capitale, pour continuer avec ceux de Mahâballipuram et de Kânchîpuram.

Pivots de la société, faisant office de centre culturel, d'école, d'hôpital, de grenier, de tribunal et de gardien de l'ordre moral, ces temples déploient une architecture majestueuse dont Kânchîpuram, la "ville d'or" aux 150 temples, près de Madras, renferme les plus beaux spécimens (notamment avec le temple de Kailâsanâtha, qui passe pour l'un des chefs-d'œuvre les mieux conservés de l'art drâvidien). Éminente ville universitaire et théâtre de grandes processions, Kânchîpuram est également célèbre pour ses tissus et sârîs de soie (les fameux sârîs de Kânchî), qui rivalisent avec ceux de Vârânasî et de Bangalore par leur qualité et la beauté de leurs coloris.

A l'est de Kânchîpuram, tout près de Madras, sur la côte de Coromandel, les sanctuaires de Mahâballipuram ou Mavalipuram sont un magnifique exemple de l'architecture introduite par la dynastie des Pallava, qui diffusèrent dans la région le culte de Shiva. C'est à partir de cette cité que le royaume des Pallava répandit sa civilisation vers une partie de l'Asie du Sud-Est (Malaisie, Java). Réutilisant la pierre sculptée, le style des Pallava contraste avec les édifices en brique des bouddhistes. Mahâballipuram s'honore de posséder le plus grand bas-relief du monde. Ce panneau long de 27 mètres et large de 9 mètres, taillé directement dans le roc, nous conte la légende de la "descente du Gange", selon laquelle le roi Bhagirâtha entra en pénitence pour supplier Shiva de faire descendre le Gange sur terre.

Si l'on vient de Mahâballipuram, on passera à Tirukkalukkunram – la colline des oiseaux sacrés –, où se trouvent deux temples importants. L'un d'eux est fréquenté par des sterncoptères blancs qui viennent chaque matin prendre la nourriture que leur offrent les prêtres. Au nord de Mahâballipuram, l'institution du Kalâkshetra offre un enseignement complet concernant les arts de la danse traditionnelle, qui attire des artistes du monde entier.

Nichée au bord du golfe du Bengale, au nord-est du Tamil Nâdu, Madras mérite que l'on s'y attarde. Celle qui fut l'un des plus anciens bastions du pouvoir de la Compagnie anglaise des Indes orientales, et qui est devenue l'une des quatre grandes cités de l'Inde contemporaine, vit toujours à l'heure des échanges commerciaux.

Du fort Saint-Georges au Government Museum, le visiteur s'attachera à ne pas suivre un itinéraire en droite ligne et prendra le chemin des écoliers, en empruntant notamment les lacis des petites rues adjacentes afin de découvrir plusieurs missions chrétiennes dont les églises méritent d'être visitées. C'est sur une colline à la lisière de la ville (Mont St. Thomas) que l'apôtre Thomas aurait trouvé la mort.

Grande ville sainte de l'hindouisme, Madurai se situe presque à la pointe de la péninsule indienne. Son grand temple dédié à Shiva (XVIIᵉ s.) attire de très nombreux fidèles, qui viennent en particulier se purifier dans l'étang sacré du Lotus d'or. S'étendant sur 6 hectares, cet important centre religieux est doté de plusieurs entrées à toitures pyramidales (gopuram) où des milliers de divinités sont sculptées et repeintes périodiquement.

De Madurai, en empruntant la route du sud-est qui mène à la côte de Coromandel, on atteint Râmesvaram (temple hindou), où se trouve l'embarcadère pour l'île de Sri Lanka (Ceylan). Au nord de Madurai, plusieurs villes méritent attention car elles possèdent des temples remarquables : Tanjavûr (époque des Chola, Xᵉ-XIᵉ s.), Tiruchirapalli (temples de Srîrangam et forteresse), Coimbatore (temple de Perûr, reconstruit au XVIIIᵉ s.) et, plus au nord sur la côte de Coromandel, Chidambaram (temple de Shiva dansant).

Pondichéry, la ville blanche et parfumée

Au sud de Madras, sur la côte de Coromandel, Pondichéry a des allures de sous-préfecture des tropiques, noyée dans une population tamil souriante. L'ancien siège indien de la Compagnie française des Indes orientales est une ville où il fait bon prendre son temps, si l'on veut plonger dans son atmosphère surannée.

Créée en 1673 par les Français, Pondichéry fut sans cesse convoitée. Conquise par les Hollandais en 1693, puis par les Anglais en 1761, la ville retourna en 1763 dans le giron français. Vingt ans après, elle était reprise par les Anglais. Pondichéry ne devint française qu'en 1816. Rattaché à l'Union indienne en 1962, le territoire de Pondichéry – qui comptait également les anciens comptoirs de Mahé sur la côte Ouest, de Karikal au Sud et de Yanaon au Nord – compte environ 300 000 habitants.

Ville à la végétation exubérante, aux maisons et ruelles au parfum fané, Pondichéry a gardé sa physionomie d'autrefois. La "ville blanche" hier réservée aux Européens conserve de délicieux jardins, à l'abri des cocotiers et quelques maisons d'époque ont conservé leur superbe d'antan.

Au hasard de vos promenades en ville, vous découvrirez de nombreux vestiges de la présence française : la cathédrale de style Louis XVI, l'église néogothique du Sacré-Cœur et son cimetière avec de vieilles tombes du XVIIIᵉ siècle, la chapelle des Sœurs-de Cluny (XVIIᵉ s.). Ne manquez pas de vous rendre à la maison Ânandarângapilla, construite par le courtier de Dupleix et encore habitée par ses descendants. Elle présente un étonnant exemple d'architecture indienne et d'architecture occidentale. Quant à l'âshram du poète et philosophe bengali Srî Aurobindo, il est devenu un des grands foyers spirituels de l'Inde.

A dix kilomètres de Pondichéry, Auroville est encore en construction. La cité expérimentale conçue suivant les projets de l'architecte français Roger Auger, grand adepte de la pensée de Srî Aurobindo, est loin en effet d'être terminée. En chantier depuis 1968, date à laquelle la première pierre fut posée, Auroville sera-t'elle la future capitale du Tamil Nâdu à l'instar de Chandigârh, la ville de Le Corbusier édifiée au Nord de l'Inde ?

Prolifique et méconnu : le cinéma indien

Quel paradoxe ! Le cinéma indien est le plus prolifique du monde, mais c'est également le plus méconnu hors de l'Inde. Avec une production de plus de 700 films par an, tournés dans les studios de Bombay et de Madras, l'Inde possède la plus puissante industrie cinématographique de la planète, employant plusieurs millions de personnes. Depuis ses premiers films au début du siècle jusqu'à nos jours, le cinéma indien a toujours été essentiellement tourné vers le marché intérieur : plus de deux milliards d'entrées (la plupart des indiens n'ont pas la télévision) et un énorme réseau de plus de 10 000 salles de projection, fixes ou itinérantes. De plus, la grande majorité des réalisateurs indiens ont toujours cherché à répondre aux attentes d'un public très populaire souvent analphabète –, pour lequel ils ont conçu un cinéma commercial, obéissant à quatre genres principaux : l'épopée cinématographique mettant en scène les divinités des religions ancestrales ; le mélodrame familial ; le drame social à prétentions psychologiques et moralisatrices ; le film d'action reprenant les archétypes du western ou du thriller américains, où le bon finit toujours par l'emporter sur le méchant. Alors que la sculpture traditionnelle des temples hindous représente les unions divines dans des positions très érotiques et réalistes, la légendaire pudeur indienne interdit aux acteurs jusqu'au simple baiser. En fait, la limitation de l'audience du cinéma indien tient d'une part au contenu très primaire de ses scénarios et d'une autre à l'obstacle de la langue (nombre de films étant parlés dans une des 15 langues officielles du pays, sans doublage). Cependant, une partie de cette production commerciale réussit quand même à passer les frontières de l'Inde et à être projetée dans les pays du tiers-monde (notamment l'Afrique blanche et l'Asie du Sud-Est), où ils concurrencent les films locaux ou de karaté importés de Hong Kong ou de Singapour.

Heureusement, une minorité de réalisateurs de très grand talent, échappant à ces différents genres conventionnels, ont donné ses lettres de noblesse au cinéma indien. Le plus célèbre d'entre eux, est Satyâjit Rây (1921-1992), dont l'audience ne cesse de grandir auprès du grand public occidental, et non plus seulement chez les seuls cinéphiles. Sa rencontre avec Jean Renoir, venu tourner *Le Fleuve* en Inde (1950), sera déterminante. Avec une sensibilité incomparable, Rây dépeint les problèmes de la société indienne : la misère et le chômage, les injustices sociales, les revers de fortune, le monde des enfants, la condition de la femme, etc. Parmi la vingtaine de films qu'il a tournés se détachent quelques très grands chefs-d'œuvre, comme la trilogie d'Apu (*Pather Panchali, Aparajito, le monde d'Apu*) ou encore *Le Salon de musique.*